CB064361

KID VINIL
UM HERÓI DO BRASIL

EDIÇÕES ideal

Copyright © 2015, Ricardo Gozzi e Duca Belintani
Copyright desta edição © 2015, Edições Ideal

Todos os direitos reservados. Nenhuma parte desta publicação pode ser reproduzida, armazenada em sistema de recuperação ou transmitida, em qualquer forma ou por quaisquer meios (eletrônico, mecânico, fotocópia, gravação ou outros), sem a permissão por escrito da editora.

Editor: Marcelo Viegas

Capa, projeto gráfico e diagramação: Guilherme Theodoro

Foto de capa: Fernando Martins Ferreira

Revisão: Mário Gonçalino

Diretor de Marketing: Felipe Gasnier

Assessoria de imprensa: Laura D. Macoriello

CATALOGAÇÃO NA PUBLICAÇÃO
Bibliotecária: Fernanda Pinheiro de S. Landin CRB-7: 6304

G725k

Gozzi, Ricardo
Kid Vinil: um herói do Brasil: biografia autorizada / Ricardo Gozzi e Duca Belintani.
São Paulo: Edições Ideal, 2015. 160 p. ; 21 cm

ISBN 978-85-62885-37-2

1. Kid Vinil. 2. Músicos de Rock - Brasil - Biografia. I. Belintani, Duca. II. Título

CDD: 927.8166

26.02.2015

EDIÇÕES IDEAL
Caixa Postal 78237
São Bernardo do Campo/SP
CEP: 09720-970
Tel: 11 2374-0374
Site: www.edicoesideal.com

ID-25

BIOGRAFIA AUTORIZADA

KID VINIL
UM HERÓI DO BRASIL

RICARDO GOZZI & DUCA BELINTANI

SUMÁRIO

SOUL BOY	**8**
APRESENTAÇÃO	**11**
A PRIMEIRA CONTROVÉRSIA	**12**
MUDANÇA PARA SÃO PAULO	**14**
A PRECOCE RELAÇÃO COM A MÚSICA E OS DISCOS DA TIA REGINA	**15**
KID, O COROINHA	**17**
O PRIMEIRO DISCO DE VINIL	**19**
A PRIMEIRA DISCOTECAGEM	**21**
BOY NA VIDA REAL	**23**
GARIMPAGEM DE INFORMAÇÕES À MODA ANTIGA	**25**
A INFLUÊNCIA DA JOVEM GUARDA	**29**
PONTE AÉREA	**30**
CONTINENTAL, UMA OPORTUNIDADE DE OURO	**33**
TUDO AO MESMO TEMPO AGORA	**37**
KID VINIL, A ORIGEM	**39**
DE PONTE AÉREA A VERMINOSE	**41**
A DANÇA DAS CADEIRAS DOS GUITARRISTAS	**43**
O PROGRAMA KID VINIL	**46**
SUCESSO NOS CORREDORES	**49**
VERMINOSE VIRA MAGAZINE E ASSINA COM A WARNER	**51**
SOU BOY, A MÚSICA	**56**
A PRIMEIRA EXECUÇÃO A GENTE NUNCA ESQUECE	**59**
APÓS POLÊMICA ENTREVISTA À ISTOÉ, QUEBRA-QUEBRA NO LIRA PAULISTANA	**60**
O PRIMEIRO LP E OS PROBLEMAS COM A CENSURA	**64**
PRIMEIRA VEZ NO CHACRINHA, SOB DISFARCE	**67**
AGORA SEM MÁSCARAS	**68**
QUASE SANTOS NA GANDAIA	**70**

KID VINIL, O COROA	72
A RIXA ENTRE PAULISTAS E CARIOCAS	74
DIFICULDADES DE AGENDA	76
TIC-TIC NERVOSO, E POLÊMICO	78
COMEU?	82
AJUDANDO IRA! E ULTRAJE A RIGOR	85
QUASE-ACIDENTE AÉREO	86
ESTRESSADO, KID DEIXA O MAGAZINE	88
HERÓIS DO BRASIL	90
KID VINIL TAMBÉM LANÇA MODA	96
KID VINIL ESTREIA NA TELEVISÃO	99
KID VINIL E BANDA	103
O VERMINOSE VOLTA À ATIVA	105
HELENA MEIRELLES, A SEGUNDA MÃE DE KID	107
XU-PA-KI	109
QUEM NÃO TEM COLÍRIO USA ÓCULOS ESCUROS	113
COM MAMONAS ASSASSINAS, UMA OPORTUNIDADE DESPERDIÇADA	115
KID VINIL, QUANDO É QUE TU VAI GRAVAR CD?	118
KID LANÇA OBRA COMPLETA DE FRANK ZAPPA NO BRASIL	120
FINALMENTE NA MTV	122
POR TODA A EXTENSÃO DO DIAL, ATÉ A INTERNET	126
KID VINIL RESGATA TOM ZÉ NO FAROL	130
NA HONESTIDADE	133
FOI-SE O TEMPO	135
O ETERNO APRENDIZ	137
NA VISÃO DOS AMIGOS	138
LEGADO	140

PREFÁCIO

SOUL BOY

Por Zé Antonio Algodoal*

Poucas pessoas fizeram tanto pela música em nosso país quanto Kid Vinil.

Sempre discreto, ele dedicou toda sua vida à música trilhando diferentes caminhos. Foi executivo de gravadora, jornalista, radialista, apresentador de TV, compositor, cantor, VJ, produtor, colecionador e acima de tudo uma pessoa inspiradora, não apenas por seu extenso conhecimento, mas também por sua admirável generosidade.

A primeira vez em que ouvi falar do Kid Vinil foi em um programa da extinta rádio Excelsior, "Rock Sandwich", no qual ele e Leopoldo Rey se alternavam na apresentação. Como eu tinha 16 anos na época, é claro que procurei o programa para ouvir o bloco de rock pesado, mas já na segunda semana, enchi minha fita Basf cor de laranja com os novos e incríveis sons que me foram apresentados pelo Kid. Desde aquela época sempre fui ouvinte fiel das suas diferentes incursões radiofônicas.

Tempos depois, talvez graças à minha banda, o Pin Ups, acabei conhecendo Kid Vinil, e nos tornamos amigos.

Em 1994 entrei para a MTV, e mesmo antes de pisar lá dentro prometi a ele que um dia trabalharíamos juntos. Não entrava em minha cabeça que uma emissora dedicada à música não tivesse Kid Vinil entre seus apresentadores. Acabei argumentando com meus superiores e consegui levar o Kid para apresentar o "Lado B", programa dedicado a bandas alternativas.

Nessa época viajamos à Inglaterra para cobrir dois festivais locais, Reading e V Festival. Em um dos dias dividimos a van com o pessoal da MTV britânica. Lembro que um dos diretores ficou absolutamente impressionado com o Kid Vinil e, posteriormente, chegou a afirmar que não conhecia ninguém com tanta informação sobre música.

Conto aqui essa história para exemplificar o quanto Kid entende do assunto. E não é apenas um conhecimento enciclopédico. Sei de outras pessoas que destilam conhecimento musical, aprendido em publicações como a NME, Mojo e Uncut, mas nenhuma delas possui a mesma paixão pela música e nem a devoção que só quem conhece o Kid Vinil poderá entender.

Sempre ligado em novidades, Kid viajou à Inglaterra no final dos anos 1970, vivenciou a novidade do punk rock, comprou roupas da Vivienne Westwood, chorou ao ver um show do The Clash e, de volta ao Brasil, tornou-se uma espécie de porta-voz das novas tendências musicais e estéticas. Ainda hoje é impossível conversar com ele por mais de 15 minutos sem aprender algo novo; Kid é uma espécie de Mestre Jedi.

Se fosse inglês, certamente seria tão cultuado quanto John Peel, ou tão querido quanto Kid Jensen, Steve Lamacq ou Zane Lowe, mas aqui em nosso país, para grande parte do público, Kid ainda é lembrado apenas como aquela figura da new wave brasileira, que cantava "Tic Tic Nervoso", "Comeu", "Sou Boy" ou "Glub Glub No Clube" no programa do Chacrinha.

Não que isso seja ruim, afinal é um reconhecimento e, mesmo sem querer, acabou fazendo parte da memória afetiva de grande parte dos brasileiros com suas músicas divertidas. Mas a verdade é que o Kid merece muito mais que isso. Qualquer pessoa que goste de música, mesmo sem saber, tem uma dívida com ele. Parte desse débito começa a ser sanado com esta obra.

Minha esposa sempre fala que uma biografia do Kid deveria se chamar Soul Boy, não apenas pelo trocadilho, mas principalmente por fazer jus a uma pessoa que sempre entregou seu corpo e alma à música. Assim é Kid Vinil.

E esta biografia é só uma parte de sua história; muito ainda está por vir.

---

* **Zé Antonio Algodoal** é diretor de programas de TV e músico. Em 2014, lançou o seu primeiro livro, Discoteca Básica: 100 personalidades e seus 10 discos favoritos.

Apresentação

Oriundo de uma família trabalhadora do interior de São Paulo, Kid Vinil em pouco tempo passou do anonimato como office-boy ao estrelato musical. Fosse como cantor, radialista, jornalista, DJ, VJ, executivo de gravadora ou colecionador de discos, Kid viajou o Brasil e o mundo movido por sua paixão pela música.

Com conhecimento profundo e faro afinado para captar as tendências, foi responsável por apresentar ao público jovem brasileiro movimentos e caminhos da música e da cultura internacionais que marcariam época por aqui – especialmente entre o finzinho dos anos 1970, quando a ditadura cívico-militar no Brasil entre tantas outras coisas dificultava o contato com o mundo exterior, e a virada do milênio, período no qual a massificação do acesso à internet revolucionou a difusão e a produção da cultura e do conhecimento pelo mundo.

Punk de butique, palmeirense que nunca pisou em estádio, anarquista da boca pra fora, Kid Vinil tem lá seus pontos contestáveis, dependendo sempre do ponto de vista. O eterno "Boy" é visto pelos amigos como amável, caseiro, confiável e discreto. Outro traço marcante da personalidade de Kid é a generosidade com que compartilha seu conhecimento. Chega aos 60 anos solteiro e sem filhos. Não à toa. A vida de Kid Vinil mistura-se praticamente o tempo inteiro, já desde a juventude, com o trabalho e a dedicação à música.

As próximas páginas apresentam as múltiplas facetas da versátil trajetória de Kid Vinil, do comunicador pilhado ao homem tímido e de vida pessoal reservada, do artista debochado ao sério executivo de gravadora, da propagação do punk ao lançamento da obra de Frank Zappa no Brasil e ao resgate de Tom Zé.

A primeira controvérsia

Kid Vinil nem bem nasceu e já saiu causando controvérsia no seio familiar. Kid nasceu Antonio Carlos Senefonte em algum momento do primeiro trimestre de 1955. O máximo que é possível precisar é que o homem que viria a ser um dos principais responsáveis pela cultura pop observada no Brasil nas décadas de 1980 e 1990 viu a luz pela primeira vez em algum momento entre o fim de fevereiro e o início de março daquele ano. Mais preciso que isso, impossível. A data exata do nascimento de Kid foi constante motivo de disputa entre seus pais ao longo dos anos. A mãe de Kid fincava o pé no 26 de fevereiro como a data de nascimento do filho. Já o pai insistia no 10 de março.

A confusão se deu principalmente pelo fato de Kid, descendente de gregos e italianos, ter nascido na fazenda onde os pais eram colonos, situada em Cedral, pequena cidade do interior de São Paulo, próxima a São José do Rio Preto. Era muito comum naquela época os nascimentos serem registrados não apenas dias depois, mas às vezes com semanas ou até meses de atraso.

O pai de Kid, Antonio, foi ao cartório cerca de dois meses depois do nascimento do filho. No momento do registro, informou como data de nascimento o dia 10 de março, aparentemente sem ter conversado com a esposa sobre o assunto.

A confusão começou somente quando seu Antonio voltou para casa. Celestina, a mãe de Kid, viu a certidão e comentou que achava que tinha dado à luz em 26 de fevereiro. Seu Antonio disse à esposa que ela devia estar enganada e que a data de nascimento era 10 de março.

Mesmo que o assunto tivesse sido discutido de antemão, o código civil da época dava ao pai de Kid uma vantagem considerável em relação à mãe no que dizia respeito à controvérsia em torno da data de nascimento do filho. Cabia ao pai reconhecer a paternidade da criança no cartório. E ele foi sozinho fazer isso.

Diante do registro havia pouco a se fazer. Mas a mãe de Kid nunca se fez de rogada. O aniversário do pequeno Antonio Carlos era sempre comemorado duas vezes, uma no dia 26 de fevereiro, para a mãe, e outra em 10 de março, para o resto da família.

"Minha mãe tinha mania, quando estava viva, de só festejar no dia 26", recorda Kid. "Eu tinha duas festas, era engraçado. Mas tinha muito disso no interior, pessoas que nasciam em fazendas, eram registradas depois. Isso acontecia muito."

Kid adotou como data de nascimento o dia do registro, que, além de constar como na certidão, de quebra o deixa alguns dias mais novo. Independentemente da controvérsia em relação ao dia, nada muda em relação a seu signo no zodíaco, Peixes.

Mudança para São Paulo

Antonio Carlos mudou-se para São Paulo ainda criança. Mas, é claro, não por vontade própria. Seus pais decidiram, no fim da década de 1950, deixar a pequena Cedral, de apenas alguns poucos milhares de habitantes, direto para a capital paulista.

Na época da mudança, São Paulo já era uma metrópole, ainda que não tão grande quanto se tornaria décadas depois. A população do novo lar da família Senefonte, hoje superior a 10 milhões, girava então em torno de 3,5 milhões de habitantes.

Antonio e Celestina estabeleceram-se com os filhos na Vila Diva, bairro da zona leste de São Paulo. A região fora indicada por parentes. O dinheiro era contado e a vida, simples, típica de uma família recém-chegada do interior. Da mesma forma, o ambiente era repleto da alegria e da sensação de preenchimento que poucas coisas além da música são capazes de proporcionar.

O apelido Kid Vinil, nome artístico pelo qual Antonio Carlos Senefonte se tornaria nacionalmente famoso a partir da década de 1980, surgiria apenas quando ele já estava na casa dos vinte e poucos anos, mas o chamaremos pelos dois nomes ao longo do livro, de acordo com o bom senso e a ocasião.

A precoce relação com a música e os discos da tia Regina

A relação de Kid Vinil com a música começou cedo, ainda na infância. Não havia músicos propriamente ditos na família, mas tanto o pai quanto a mãe de Kid eram pessoas bastante musicais, segundo ele.

"Meu pai era peão, mas tinha um gosto musical legal", recorda Kid. "Ele gostava muito de música brasileira, como as da Carmen Miranda. Lembro que a gente ouvia muito um programa de rádio do Moraes Sarmento, que tocava Chico Alves, Carmen Miranda, Bando da Lua, aquelas coisas da música brasileira dos anos 50. Eu gostava de uma música do Chico Alves que tocava muito na época chamada 'Na Virada da Montanha'. Da Carmen Miranda tem várias que eu gostava. 'South American Way' era uma música que eu curtia demais e o Moraes Sarmento sempre tocava", relembra ele.

"A minha mãe era até mais chegada. Ela gostava de boleros também, daquelas coisas tipo Altemar Dutra. E música sertaneja de raiz também, que a gente sempre ouvia no fim de tarde. Lembro que eles ouviam um programa que tocava Tonico e Tinoco, aquelas coisas que tinham lá no interior", prossegue Kid.

Já o contato com a música estrangeira começou graças a Benedito, um vizinho da família em São Paulo que costumava visitar os pais de Antonio Carlos para ouvir música e levava seus discos. "Ele já ouvia Sinatra. Os primeiros discos do Elvis chegaram pela mão dele", recorda.

Kid também faz questão de enfatizar a importância de sua tia Regina para sua formação musical. "Ela apareceu com Paul Anka e também com Elvis."

E também não se esquece das mancadas que deu com a tia. "O pior é que eu quebrei vários daqueles discos. Eram aqueles discos de 78 rotações. Quebravam muito fácil, eu era moleque, não sabia manusear", admite. "Quando isso acontecia ela queria me matar. Cada vez que eu ia na casa dela era uma destruição."

Felizmente os anos se passaram e Kid aprendeu a cuidar dos discos, especialmente dos milhares que ao longo dos anos passaram a integrar sua vasta coleção.

Kid, o coroinha

Quem vê Kid Vinil no palco ou ouve sua locução alucinada no rádio dificilmente irá suspeitar que aquele "ratão louco" – nas palavras pronunciadas anos mais tarde por Moacir Machado, ex-diretor artístico da gravadora Continental, depois de assistir a um show do Verminose – não apenas tem um lado religioso como também já foi coroinha na igreja.

"Minha mãe era uma pessoa muito religiosa, católica. Era a benzedeira do bairro, tinha todo um lado místico. E eu ficava deslumbrado com aquele lado místico dela", relembra Kid.

A influência materna levou o pequeno Antonio Carlos, por volta dos sete anos de idade, primeiro a querer ser coroinha e depois, quem sabe, padre. "Ela me levava às missas (...), eu via aquelas encenações da paixão de Cristo, achava o máximo aquilo tudo e estava meio que enlouquecido com isso, todo voltado à religião católica, querendo ser um superpraticante", conta.

"Meu pai até brincava, por causa daquele meu fanatismo religioso: 'esse aqui será um futuro padre'. E meu pai também tinha o apelido de padre onde ele trabalhava porque ele era um cara calmo, sossegado, falava baixo, devagar e tal", prossegue Kid.

O pai até falava sobre o assunto em tom de brincadeira. "Já a minha mãe achava, lógico, que eu deveria ser padre. E eu coloquei na cabeça que queria ser padre."

A fase extremamente religiosa do pequeno Antonio Carlos durou aproximadamente dos sete aos dez anos de idade. Foi mais ou menos quando o rock'n'roll de certo modo salvou Kid da religião.

"Com dez anos eu fui estudar no Wolny Carvalho Ramos, na Água Rasa. E então minha cabeça mudou porque ali começa a história dos malucos que eu conheci e estavam ouvindo Beatles, Rolling Stones,

Jimi Hendrix, Janis Joplin e tal na hora do recreio. Aí o rock'n'roll dominou (...) e eu meio que esqueci aquele fanatismo religioso."

Hoje fica até difícil imaginar a cena: Kid Vinil, com aquele jeitão pirado pelo qual ficou publicamente conhecido, ajudando o padre no altar da igreja.

O mundo do rock agradece – e provavelmente o Vaticano também.

O primeiro disco de vinil

A coleção de discos de Kid Vinil é foco de admiração e curiosidade desde os anos 1980. Eram milhares e milhares de discos espalhados por prateleiras antes organizadas, depois nem tão organizadas assim. Hoje são armários e mais armários repletos de CDs, DVDs, LPs e os mais variados itens relacionados à música espalhados pela sala e pelos quartos de seu apartamento no bairro paulistano do Cambuci.

Essa enorme coleção precisava de um começo. Isso aconteceu lá pelos idos de 1967 ou 1968, quando Antonio Carlos iniciava o ensino ginasial, equivalente nos tempos de hoje ao fundamental II. E é só atentar para os anos em questão para imaginar que só poderia ter começado de uma maneira: com os Beatles.

O disco em questão era o compacto duplo *Magical Mystery Tour*, grande sensação da época. A paixão pelos Beatles – e consequentemente pelo rock – começara alguns anos antes, em 1965, quando o irmão mais velho de Antonio Carlos, Valdecir, o levou ao cinema para ver *Os Reis do Iê Iê Iê*, nome como foi lançado no Brasil o filme *A Hard Day's Night*.

"Eu vi aquilo e fiquei alucinado", recorda. Do mesmo período de *Os Reis do Iê Iê Iê*, Kid guarda boas recordações de outro filme que marcou época e ajudou a direcionar seu interesse musical para o rock'n'roll: *O Seresteiro de Acapulco*, com Elvis Presley.

"Isso foi lá no tempo do Wolny, quando eu estava começando o ginásio. A gente ouvia música no recreio. A gente costumava ouvir discos, os carinhas que tinham mais grana na escola levavam vitrolinha e ficavam ouvindo Beatles, ficavam ouvindo Stones e tal, coisas da época", recorda Kid.

"Tinha um cara chamado Helio, que era o mais abonado da turma. Ele tinha a vitrola e comprava os disquinhos e era super fã dos Beatles, então todos os discos que apareciam novos eram desse Helio, e eu era louco pra ter discos, mas ainda não tinha grana porque não trabalhava", relata.

Mas isso estava longe de ser um problema sem solução. "Então saiu o compacto dos Beatles, aquele compacto duplo, o *Magical Mystery Tour*, e esse foi o primeiro compacto que eu tive. Não lembro ao certo se eu comprei ou se foi algum rolo com o Helio que me vendeu o compacto usado e aí saiu mais barato."

Acontece que *Magical Mystery Tour* era um compacto. E Kid queria um LP. Dinheiro, no entanto, ele não tinha.

"Foi quando saiu o filme do 'Submarino Amarelo'. Eu não tinha a grana. Meu pai me dava só o dinheiro do passe escolar. Eu morava a meia hora da escola se fosse a pé; de ônibus dava dez, quinze minutos. Aí eu peguei a grana do passe escolar de um mês e comprei o vinil do filme, só que fui a pé um mês pra escola", diverte-se Kid.

Os Beatles lançaram então o Álbum Branco. Na época, Kid tinha um amigo chamado João Luís, também fanático pelos quatro rapazes de Liverpool. "O João Luís tinha vindo de Portugal. Ele estava na minha classe. A tia dele mandava pra cá uma grana de fora. Eu fiquei super amigo desse cara e quando saiu o Álbum Branco falei pra ele: 'precisamos ter esse disco'. A tia dele tinha mandado uns dólares. Eu descobri então quem trocava os dólares rapidamente e fomos na São Bento, numa loja que tinha lá, e peguei o Álbum Branco."

Desde então, a coleção de Kid cresceu exponencialmente. Na verdade, cresceu tanto que ele já nem tem um número exato de quantos discos e CDs possui, sem contar livros e DVDs. Só sabe que são dezenas de milhares.

A primeira discotecagem

Antonio Carlos é de um tempo em que criança brincava na rua, especialmente nos bairros mais afastados do centro da cidade, onde o movimento de carros era menor na época. Os brinquedos eram simples e o videogame ainda não havia cruzado a fronteira da ficção científica na cultura popular.

A molecada jogava futebol na rua ou no campinho mais próximo, bolinha de gude, trocava figurinha e andava de carrinho de rolimã, entre outras brincadeiras ao ar livre. E no futebol de rua, coitado do Antonio Carlos. Ele não apenas não gostava de bola como jogava mal, então ia acabar de goleiro. E no gol, então, a tragédia era maior ainda. Pode-se dizer que os outros meninos da rua disputavam pra ver quem não ficava com Kid em seu time. De qualquer modo, quem nunca teve um amigo que não soubesse jogar bola?

"Eu tinha um vizinho que era o meu melhor amigo. A gente jogava bola, mas eu era sempre ruim. Nunca gostei de futebol", relata Kid, torcedor declarado da Sociedade Esportiva Palmeiras, apesar de nunca ter pisado em um estádio para assistir a uma partida de seu time de coração. "A gente morava numa descida e o pai desse amigo meu fazia carrinhos de rolimã. A gente se quebrava inteiro naqueles carrinhos", recorda.

Ao mesmo tempo, a vizinhança confraternizava na rua ou nos quintais dos moradores. E sempre vinha alguém com uma vitrola e uma extensão para ligar o som e tocar os discos da moda. "Eu e esse meu vizinho éramos mais antenados. A gente é que gostava de rock. Então a gente pegava os discos e começava a tocar no quintal pra galera ficar ouvindo. Era nosso passatempo: botar a vitrola no quintal", conta Kid.

Chegou então a idade de ir aos bailinhos. "Lembro de ter ido a alguns, mas eu era pequeno ainda, e não era muito ligado. Eram bailinhos improvisados: um barraco que um cara colocava uma luz negra, um som e metia umas baladinhas, Johnny Rivers, Creedence, esse começo dos anos 70", prossegue ele.

Além da tenra idade, Antonio Carlos incomodava-se com o fato de a maior parte das pessoas ir aos bailinhos para tentar encontrar um par e dançar coladinho ao som de baladinhas melosas, ao passo que ele queria ouvir Led Zeppelin, Rolling Stones e outros petardos. "Mas eu ainda era muito novo pra botar o som nos bailes. Não tinha essa autonomia."

O negócio do então aspirante a DJ era botar a vitrolinha no quintal e fazer a própria programação. "Eu queria ouvir o lance pesado, por isso eu fazia o meu som no quintal de casa. Quem quisesse ouvir que ouvisse", arremata.

A discotecagem acabou virando uma febre. Onde quer que houvesse uma vitrola, lá estava Antonio Carlos para comandar o toca-discos.

Além da vitrola do amigo português, Kid atacava as primas. "Eu tinha umas primas que tinham vindo do interior e elas trabalhavam, começaram a ganhar um dinheirinho e compraram uma vitrola portátil também. Então, quando eu não podia pegar a vitrola do português, atacava a das minhas primas", relata Kid.

"Essas minhas primas eram todas fãs de Jovem Guarda. Lembro que tinha aparecido Paulo Sérgio, era um ídolo da época, rival do Roberto. Eu era super fã do Roberto, adorava, pegava todos os discos do Roberto, a vitrola e ficava lá ouvindo as coisas que elas tinham do Roberto, do Erasmo. Mas então elas ficaram alucinadas pelo Paulo Sérgio. Achavam ele melhor que Roberto", recorda com espanto.

"Nessas eu acabei aceitando até o Paulo Sérgio. Depois passei a gostar. Respeito até hoje. Mas quando garoto, no começo, eu tive uma certa resistência, principalmente porque queriam vendê-lo como um novo Roberto, o que era comum na época", pontua.

De *hobby* de fundo de quintal, a discotecagem se transformaria em uma das profissões de Kid, tanto no rádio quando no comando de picapes em discotecas não apenas de São Paulo, mas de outras partes do Brasil e também no exterior.

Boy na vida real

Antes, muito antes mesmo do lançamento de "Sou Boy", o compacto de 1983 que levou o Magazine ao topo das paradas de sucesso e tornou Kid Vinil conhecido nacionalmente, o jovem Antonio Carlos Senefonte foi office-boy na vida real.

A letra da música, como se sabe, não é de Kid, mas ilustrava com fidelidade e bom humor uma realidade vivida por Antonio Carlos e milhões de outros jovens brasileiros ao ingressarem no mercado de trabalho na segunda metade do século XX.

O primeiro trabalho de Kid foi como ajudante de sapateiro, aos 11 anos de idade. O sapateiro alugara um salão que pertencia a dona Celestina, mãe de Kid, e o pequeno Antonio Carlos o ajudava na sapataria para ganhar uns trocados. Nada que passasse perto de exploração do trabalho infantil, é justo salientar.

Algum tempo depois, Antonio Carlos trabalhava na Praça Roosevelt, região central de São Paulo, em uma empresa de engenharia de solos chamada Engesolos. Mas o centro de São Paulo é muito distante de Vila Diva e já se perdia tempo demais no deslocamento entre esses dois pontos no fim dos anos 1960. Eis que, quando Antonio Carlos tinha 14 anos, o namorado e futuro marido de sua irmã, Valdenice, ficou sabendo de uma vaga de office-boy em um depósito de material de construção perto da casa da família Senefonte e intermediou a contratação.

O nome da empresa? Material de Construção Ganha Pouco Ltda. Ilustrava com simplicidade e perfeição a realidade dos office-boys.

"Esse período foi muito divertido. Trabalhei no depósito dos 14 até quase meus 19 anos. Eu comecei como office-boy, depois passei a cuidar do escritório do cara e quando vi eu meio que assumi a empresa", conta Kid.

O fato é que o emprego, por pior que pagasse, permitia a Kid liberar uma grana para sustentar sua grande paixão. "Eu fazia tanta mutreta pra comprar discos. Meus primeiros discos importados foram graças a esse negócio", afirma. "Como office-boy, eu saía pra rua, fazia rolo de pegar ônibus e cobrar táxi. Era no Museu Do Disco que tinha disco importado, um setor no fundo da loja, restrito a poucos clientes. Era uma briga, porque até pra entrar no fundo da loja era difícil. Tinha que negociar", relembra.

Garimpagem de informações à moda antiga

Quem nasceu do meio da década de 1980 pra frente provavelmente terá algum grau de dificuldade em entender como funcionava o mundo sem o telefone celular e a internet, e consequentemente sem downloads, sem mecanismos de busca, sem e-mail, sem redes sociais, sem dispositivos móveis, sem computação em nuvem e afins. Mas, sim, a humanidade vivia sem todas essas coisas – e bem, viu? Não se trata de saudosismo, ludismo ou discurso antimodernização, mas de observação. Ter um computador pessoal em casa era um luxo ao qual pouquíssimos privilegiados tinham acesso no início dos anos 1980. E a memória inteira desses mesmos PCs era insuficiente para carregar muitos dos arquivos que usamos hoje (leia-se 2015). E, do jeito que caminharam os avanços nessa área, é provável que em poucos anos olhemos para os computadores da atualidade como curiosidades de um museu de grandes novidades preconizado por Cazuza.

Entre o fim dos anos 1960 e o início dos anos 1970, quando Antonio Carlos Senefonte começou a buscar mais a fundo informações sobre o que acontecia no universo da música fora do Brasil, havia obstáculos por todos os lados. Para começar a atuação da imprensa brasileira, inclusive a dos veículos favoráveis ao golpe que depôs João Goulart em 1964, era restringida pela censura militar. Viajar para fora do Brasil também era um privilégio de poucos endinheirados ou funcionários de multinacionais. Era preciso, acima de tudo, ir a campo garimpar informações e conhecer gente. E o lugar mais adequado para conseguir informações sobre as novidades vindas de fora – praticamente extinto neste início de século XXI – chamava-se loja de discos.

Nas lojas de discos, Antonio Carlos começou a fazer amizades com pessoas que compartilhavam de seu interesse pela música. E essas amizades propiciavam um intercâmbio de informações que permitia aos participantes estarem por dentro das novidades, que circulavam por meio das conversas e criavam verdadeiras confrarias. Por não dispor de muito dinheiro, Antonio Carlos precisava ser bastante seletivo com os discos que comprava. Ao mesmo tempo, aproveitava a amizade com os amigos para ouvir coisas das quais gostava e nem sempre podia levar pra casa. Um desses amigos, Carlos, era fã de Bob Dylan. Outro, Joãozinho, gostava de tudo o que era moderno. "Ele tinha toda a coleção do Frank Zappa", lembra Kid. Joãozinho também apresentou a ele as bandas psicodélicas da Califórnia, com destaque para o Grateful Dead.

Foi no Museu do Disco, por exemplo, que Antonio Carlos conheceu Fernando Naporano. "Conheci o Kid, na época apenas Antonio Carlos, no Museu do Disco. Lembro que eu comprava o LP duplo *Eat It* do Humble Pie e ele, me parece, algum do Nazareth ou Slade. Isso foi na Rua Dom José de Barros, centro de São Paulo", relembra Fernando Naporano. "Voltamos a nos encontrar com maior frequência na loja alternativa Wop Bop, onde nas sextas-feiras rolavam exibições em super 8 de filmes dos Beatles, The Who, Yardbirds, Cream etc. Nessa época já éramos amigos. O apelido dele era Tonhão Joplin, dada sua obsessão pela Janis", revela Naporano.

Anos mais tarde, Kid e Naporano escreveriam sobre música para grandes jornais de São Paulo. "O Fernando Naporano era o melhor cliente do Museu de Disco. O pai dele tinha dinheiro. Ele pegava uma pilha de discos importados e o pai só passava o cheque", relata. Na mesma loja, um vendedor já falecido chamado Odair dava bons toques a Antonio Carlos. "Esse cara era muito legal. Ele sabia o que eu gostava, então ficava me mostrando as melhores coisas e depois ainda dava uns descontos", prossegue.

Já as referências radiofônicas eram poucas e fragmentadas. Em São Paulo, Antonio Carlos ouvia o "Caleidoscópio", mas só de vez em quando porque o programa ia ao ar de madrugada e ele acordava cedo para trabalhar. No Rio de Janeiro ele sabia existir o "Big Boy", mas não tinha como ouvir porque o programa não era retransmitido em São Paulo.

Havia também algumas revistas importadas que chegavam a uma ou outra banca de jornal em pontos específicos da cidade. Mas, obviamente, além de caras, era preciso saber ler em inglês, o que ele aprendeu em grande parte graças às letras dos Beatles. Antonio Carlos lia bastante a norte-americana *Circus*, encontrada na Barão de Itapetininga, região central de São Paulo. Da Inglaterra era possível encontrar a *New Musical Express*, também conhecida pelas iniciais NME, e o *Melody Maker*. As publicações chegavam com uma ou duas semanas de atraso, mas era preciso saber onde tinha. "Não era tão fácil. Era pra quem sabia onde tinha, onde encontrar. Era uma ou outra banca, então a gente tinha um mapa desses lugares", conta Antonio Carlos.

Em 1972, uma revista independente inspirada na *Rolling Stone* norte-americana – e batizada com o mesmo nome da original – começou a circular no Brasil. Quando saiu a primeira edição, obviamente, Antonio Carlos a comprou. Pelos classificados ele conheceu uma menina chamada Inês. "Ela botou um anúncio que gostava de coisas novas, rock progressivo, King Crimson, Jethro Tull e queria ter amizade com pessoas que gostassem desse gênero de música", recorda-se Kid. "Liguei então pra menina. Eu queria conhecer King Crimson, Jethro Tull, pois eu só lia sobre eles. Liguei, falei que morava na periferia, gostava dessas coisas e queria conhecê-la e ver a coleção de discos", prossegue.

Inês podia até ficar com receio de que Antonio Carlos tivesse outras intenções, mas o interesse do jovem Kid Vinil era estritamente musical. "Aí marcamos. Ela morava ali perto do Parque do Ibirapuera, numa puta mansão", relembra, impressionado. "Quando entrei na casa fiquei louco. Todos os discos de King Crimson, Jethro Tull, Johnny e Edgar Winter, ela tinha aquele disco duplo ao vivo dos dois. Fiquei alucinado. Coisas que eu sabia existir por ler na *Rolling Stone* nacional e eu não tinha acesso acabei conhecendo assim", conta com ar de gratidão.

Já os amigos da escola ligados em música se reuniam para ouvir os discos. Foi assim que Antonio Carlos ouviu pela primeira vez o clássico *Machine Head*, do Deep Purple, por exemplo. E em todos esses círculos havia um hábito comum e que se manteria por décadas, até o advento do MP3: a gravação de músicas e discos em fitas K7. "A gente gravava um do outro. Era muito comum pegar disco emprestado de um e de outro e copiar", explica. E não me venham com conversa de pirataria...

A influência da Jovem Guarda

Paralelamente ao crescente interesse de Kid pela música, a Jovem Guarda atingia seu ápice, com uma mescla bem sucedida de música, moda e comportamento. Os programas de auditório dedicados ao tema proliferavam na televisão e atingiam índices espantosos de audiência. Roberto Carlos apresentava o programa "Jovem Guarda" no Teatro Record, enquanto Agnaldo Rayol e Renato Corte Real dividiam o palco do "Corte Rayol Show". Os convidados desses programas iam de Erasmo Carlos e Wanderléa a Eduardo Araújo e Ronnie Von, passando também por Renato e Seus Blue Caps, Wanderley Cardoso, Sérgio Reis, Jerry Adriani e Os Vips, entre tantos outros nomes desta que pode ser chamada da primeira grande safra da música jovem no Brasil.

Saindo então da infância para a adolescência, Antonio Carlos ia na cola do irmão Valdecir assistir aos programas de auditório, o que acabou por transformar a Jovem Guarda em uma de suas principais influências, seja no que diz respeito a seu gosto musical, seja no que se refere às canções que regravaria como cantor. Ele ainda não imaginava, no entanto, que um dia fosse querer trabalhar com música.

"Lembro que meu irmão comprou um gravador de fita magnética. Era a época dos festivais da Record, quando Jair (Rodrigues) ganhou com 'Disparada', Chico (Buarque) com 'A Banda'. Eu ficava alucinado com aqueles festivais. Quando ele comprou o gravador, eu gravava todas as eliminatórias e depois a final. Lembro que eu ficava cantando junto pra decorar as letras de 'Disparada' e de 'A Banda'. Eu queria decorar as músicas e cantar, então eu já tinha um interesse, mas não imaginava que fosse querer trabalhar com música no futuro", recorda Kid.

"Só depois de algum tempo que na escola a gente formou um conjunto, mas isso já no final dos anos 60, começo dos 70", conta ele.

Chegou a hora de falar da Ponte Aérea, primeira banda de Kid.

Ponte Aérea

A paixão de Antonio Carlos pela música não cabia mais na vitrola no início da década de 1970. Eis então que a direção da Escola Estadual Wolny Carvalho Ramos, onde Kid estudava, resolveu promover um festival de música em 1970. Antonio Carlos juntou-se aos amigos Valter Ferraz (bateria), Maurício Cruccis (baixo) e Wilson Falchi (guitarra) para formar uma banda com o objetivo de tocar no festival. O grupo recebeu o nome de Ponte Aérea.

A banda começou a ensaiar músicas dos Rolling Stones, de Alice Cooper e de outros astros do rock estourados na época. Mas também não demorou a começar a compor material próprio, e nada ortodoxo, recorda Kid.

"O Wilson adorava rock progressivo, eu também era fã do Yes pra caramba, mas gostava de umas coisas mais podreira também", lembra Kid. "O Wilson gostava de Yes, gostava também do Queen, daquele começo do Queen, além de estudar música clássica. Eu já gostava mais de Alice Cooper e de umas coisas mais pesadas, enquanto o Maurício era mais popular."

A banda começou tirando covers como "Under My Wheels" e "Jumpin' Jack Flash", mas logo começou a pensar em um repertório autoral, misturando as diferentes influências de cada um. "O Maurício escrevia e o Wilson queria fazer uma coisa meio progressiva e ao mesmo tempo meio folk. Ele tocava muito bem violão folk. Ele fez umas músicas que eram estranhas. Lembro que a música do festival da escola se chamava 'Um Grande Que Você É'. A letra é estranhíssima. Lembro do refrão. Até um tempo atrás tinha até gravação disso. Era uma música esquisitíssima. Entrou no festival e ninguém deu a mínima. Foi a primeira vez que subi a um palco pra cantar", relata.

Confira a letra de "Um Grande Que Você É" e tire suas próprias conclusões:

UM HERÓI DO BRASIL

Frente aos campos de batalha
observando a fronte da loucura
Somos loucos a conquistar
somos fracos pela razão
Vivemos na guerra, sonhamos em vão
quando temos não damos valor
quando perdemos sentimos a dor
Ao pensar numa visão de um hoje pendurado
amanhã numa banca de jornal
sonhamos com o arco-íris
e muito mais pelo seu final

E ao encontrá-lo
o veremos além do seu final
sentimos a sede tudo
quando a matamos demais
nós perdemos o seu valor

Vivemos e divertimo-nos com a ira dos loucos
ou pelo defeito do espelho em que olhas
não se esqueça de que o espelho
também reflete a sua imagem
e os outros irão notar

E os outros irão notar
que você é um todo
ou apenas uma fita gravada
ou é igual a um papagaio
que só diz o que os outros falam, falam

Um grande que você é
Um grande que você é

KID VINIL

Simplesmente um animal domesticado pra fazer gracejos
perante a sua sociedade podre, podre, podre

A primeira apresentação ao vivo pode não ter dado a menor pista em relação ao rumo da carreira de Kid Vinil, mas já deixava evidente a preocupação com a estética visual que marcaria o restante de sua carreira artística. "Tinha uma butiquezinha perto do depósito de material de construção que eu trabalhava, o Ganha Pouco, e a mulher trazia umas roupas coloridas, extravagantes. Ela tinha uma camisa florida bonita. Eu escolhi aquela. Porque pensei: 'vou subir num palco e tenho que estar bem apresentável'", conta.

Kid afirma ter-se baseado no visual do Yes naquela época. "Eu via os caras usando aquelas roupas extravagantes. Então peguei uma camisa legal, bonita, meio psicodélica", relembra.

Continental, uma oportunidade de ouro

Era 1973 e Antonio Carlos tinha acabado de completar 19 anos e entrar na faculdade de administração de empresas. O trabalho como office-boy permitia a ele satisfazer um pouco a sua paixão pela música, mas não era suficiente. E não bastava arrumar um bom emprego: ele queria um emprego legal onde, de alguma forma, pudesse trabalhar com música. Certo dia, passando pela Avenida do Estado, viu em frente à gravadora Continental uma placa onde lia-se PRECISA-SE. A função? Auxiliar de departamento pessoal.

"É esse, pensei. Tinha gente pra caralho fazendo teste, e eles queriam alguém com experiência na função, o que eu não tinha. Minha experiência era com material de construção", recorda Kid. Mas aquilo estava longe de ser um motivo para desistir. "Na entrevista eu consegui fazer a cabeça da gerente de pessoal, porque eu fazia administração de empresas e ela achou que eu era um cara que demonstrava interesse", relembra. "Ela me disse: 'vou te pegar não pela sua experiência, mas pelo fato de você ter interesse em trabalhar aqui e demonstrar esse interesse'."

Mal sabia ela, porém, que o interesse de Kid não era ficar limitado por muito tempo ao departamento pessoal. Sua intenção era transitar dentro da empresa de forma a, em algum momento, começar a trabalhar diretamente com música, mas sem dar muita bandeira em relação a esse objetivo.

"Comecei lá selecionando gente para trabalhar nas prensas de vinil. Normalmente contratávamos homens para trabalhar como prensistas e mulheres para os trabalhos de gráfica, botar os discos nas capas, aquele processo todo de fabricação do disco. Foi legal porque eu conheci também todo o processo de fabricação", conta Kid.

Mas essa estava longe de ser a melhor parte do trabalho. Havia dias em que Antonio Carlos trabalhava até bem mais tarde. "A parte artística da gravadora funcionava ao lado do departamento pessoal. E havia reuniões periódicas sobre os lançamentos. Naquela época, a Continental tinha o catálogo da Warner. Eu ficava ligado. Ia sair o *Led Zeppelin* 4 e eu já estava sabendo e escutando. Eles ouviam os discos alto pra caralho nas reuniões, então eu trabalhava até mais tarde só pra poder escutar."

Outro motivo para o trabalho na Continental ter caído como uma luva para as intenções de Kid era o fato de funcionários poderem comprar cinco discos por mês a preço de custo. "Então todo mês eu escolhia cinco discos a preço de custo e comprava", afirma. "Eu delirava. Comprava tudo do Led Zeppelin, dos Stones, pois na época a Warner distribuía os Stones também. Lembro que eles estavam lançando The Doors também e peguei alguns", relata. E ainda assim tinha gente que roubava discos – e o departamento pessoal descobria e dava baixa na carteira por justa causa.

Assim Antonio Carlos permaneceu por cerca de dois anos, tentando não expor suas intenções e atento a qualquer oportunidade que pudesse surgir na gravadora fora da área de seleção de pessoal. A chance, no entanto, surgiu de maneira despretensiosa, perto de concluir o curso de administração de empresas pela Faculdade Senador Fláquer, em Santo André, em 1976.

"O Vítor Martins, parceiro de Ivan Lins, veio preencher uma ficha, pois ia trabalhar lá. Ele ia ser o gerente da editora, então foi ao departamento pessoal fazer o cadastro de funcionário. E eu fiz o atendimento. Já conhecia o trabalho do Vítor porque era fã da Elis. Tinha uma música da Elis que eu adorava chamada '20 Anos Blues', que é de um disco chamado *Elis*. Aí o Vítor entrou na sala, se identificou e eu disse: 'Cara, tem uma música sua que eu adoro, 20 Anos Blues, da Elis'. A gente então começou a conversar, ele preenchendo a ficha e nós falando de música, não só brasileira", recorda-se Kid.

Até que num ponto da conversa, Vítor Martins perguntou: "Poxa, você conhece tanto de música. O que você tá fazendo aqui no departamento pessoal?"

Antonio Carlos então confessou que trabalhava na Continental com a intenção de ir para outro setor onde pudesse trabalhar com música.

"Deixa comigo então", garantiu o recém-contratado gerente da editora.

Vítor Martins começou a trabalhar na empresa e tentou preparar o terreno para que Kid deixasse o departamento pessoal da Continental e passasse a integrar sua equipe na editora da gravadora.

Certo dia, o dono da gravadora Alberto Byington Neto ligou para Vítor Martins em busca da solução de um problema. "Estou procurando uma música que toca na Rádio Eldorado. É uma música instrumental. Sei que é do nosso catálogo, mas não consigo descobrir exatamente qual música é essa. Liguei pro departamento artístico e ninguém conseguiu identificar a música. Preciso que alguém identifique essa música pra mim".

Alberto Byington explicou mais ou menos para Vítor Martins como era a música, falou por alto qual achava que era o nome e o gerente da editora logo em seguida ligou para o ansioso Antonio Carlos.

"O Vítor me chamou e explicou: o Byington tá procurando uma música chamada 'Fresh Frets', ou algo assim. Na hora eu me liguei que música era. Falei pra ele: 'libera o depósito pra mim que eu vou lá e pego o disco'. Eu já sabia que era o Seals & Crofts e a música chamava 'Freaks Fret'. Aí fui lá no depósito e pedi o disco. Era uma coletânea. Entreguei pro Vítor e ele levou pro Byington", conta Kid.

O dono da gravadora questionou então Vítor Martins sobre como ele tinha resolvido tão rápido uma situação que outros setores não conseguiram solucionar. "O Vítor então falou de mim, disse que eu conhecia muito de música e trabalhava no departamento pessoal", recorda Kid.

"Como assim? O que esse cara tá fazendo no departamento pessoal?", teria perguntado Byington a Vítor Martins, segundo o relato de Kid.

Byington então ordenou a Vítor Martins que conversasse com o departamento pessoal e providenciasse a transferência de Antonio Carlos para a editora o mais rápido possível. "A diretora de recursos humanos, que me deu a oportunidade de trabalhar lá, ficou louca da vida, mas era uma ordem vinda de cima, e ela não ia bater de frente com o dono da empresa por minha causa", explica Kid.

Na editora, Antonio Carlos passou então a cuidar dos artistas nacionais contratados pela Continental. Do sertanejo ao samba, passando pela MPB, Kid Vinil trabalhou com todos os estilos e artistas brasileiros atendidos pela gravadora na época. "Tonico e Tinoco, Milionário e José Rico, Agepê, Fagner, Belchior, os Baianos todos, Secos & Molhados, Ney, Gerson, Ricardo, toda essa galera", cita Kid. "Tinha encontrado o próprio Ivan Lins. O Vítor também editava lá as músicas dele", relembra. De quebra, Kid ainda conheceu, por intermédio de Vítor Martins, Elis Regina. Afinal, era ela a grande intérprete de muitas das canções do parceiro de Ivan Lins.

Durante seu período na editora, que durou até o estrondoso sucesso do Magazine inviabilizar a continuidade de seu trabalho na gravadora, em 1984, Kid trabalhou exclusivamente com artistas nacionais.

A única frustração que guarda desse período foi justamente não ter conseguido trabalhar com a edição de artistas internacionais na Continental. "Quem cuidava da internacional na época era o Geraldo Loewenberg. Era um cara superlegal, mas não queria largar a boquinha ali dele de jeito nenhum", afirma Kid.

Ainda assim, Antonio Carlos começou a viajar bastante para o exterior, especialmente para Londres e Nova York, porque Vítor Martins percebeu tanto o potencial de usar a editora para fazer sub-edições internacionais no Brasil quanto o talento de Kid para ajudá-lo no trabalho.

Tudo ao mesmo tempo agora

O trabalho na editora da gravadora Continental ia bem quando outras atividades passaram a ser exercidas paralela e simultaneamente por Antonio Carlos Senefonte, o Kid Vinil. Ele estava na Continental quando teve seu primeiro programa de rádio, na ainda Excelsior FM, quando formou sua primeira banda punk, o Verminose, e também quando ela mudou de nome, para Magazine, e alcançou projeção nacional.

Ao contrário do ocorrido com a banda, para a qual o sucesso era uma ambição óbvia, a oportunidade para tornar-se radialista surgiu de um modo totalmente despretensioso. Anos mais tarde, o rádio se transformaria na razão de vida de Kid Vinil. E uma vez mais, Antonio Carlos seria introduzido por Vítor Martins.

Havia na Continental, por volta de 1977, um produtor chamado Alf Soares. Além de trabalhar na gravadora, Alf tinha um programa na rádio Excelsior de São Paulo dedicado ao rock'n'roll, especialmente o dos anos 1950. Certo dia, na gravadora, Alf, Vítor e Antonio Carlos puseram-se a conversar sobre música. O conhecimento musical de Antonio Carlos entusiasmou Alf, mas Vítor advertiu: "Olha, ele manja pra caramba mas é mais dessas coisas atuais, essa história de punk e tal".

Advertência feita, Alf resolveu arrumar um teste para Antonio Carlos na rádio Excelsior FM, também conhecida mais tarde como Nova Excelsior. A experiência do novato era nula, apesar de na época estar já cursando jornalismo na Faculdade São Luís, curso este que ironicamente não chegou a concluir. "Eu ainda estava cursando a faculdade. Tinha aulas de rádio e TV, mas nunca tinha feito uma coisa tão na prática. Quem fez rádio e TV sabe que uma aula teórica não é capaz de proporcionar uma noção de como é a dinâmica de uma rádio no dia-a-dia", relata Kid sobre sua experiência no ensino superior da comunicação na época.

E a inexperiência pesou no primeiro contato prático de Kid com o rádio. "Eu não tinha a menor noção do que faria, de como seria. Teria que montar um programa todo. E ainda fui na hora do almoço, no meio do trabalho, superatarefado. Escrevi uns textos numas folhas. Queria fazer um programa de punk e new wave, que era o que estava começando a rolar na época, tocar Ramones, Sex Pistols, essas coisas", recorda-se.

Para piorar, a ansiedade era grande. "O fato é que eu não tinha nada muito elaborado. Fiz os textos, fui fazer o teste, nervoso pra caralho, gaguejei e errei tudo. Enfim, não rolou", explica.

Apesar disso, não houve frustração, assegura ele. "O diretor da rádio foi bacana comigo. Disse que não tinha rolado e me aconselhou a pensar e voltar lá depois de estruturar um programa", conta.

Até aquele momento ser radialista nunca tinha passado pela cabeça de Antonio Carlos. Sim, ele ainda se apresentava pelo próprio nome. E Antonio Carlos também não sabia ainda, mas estava muito próximo de inventar, com a ajuda de amigos, o nome artístico que o tornaria famoso em todo o Brasil.

Kid Vinil, a origem

Até o fim da década de 1970 Antonio Carlos Senefonte atendia pelo nome de batismo. Em seu primeiro teste de rádio, na Nova Excelsior, apresentou-se simplesmente como Antonio Carlos. O teste não deu certo e no meio das divagações para estruturar um programa capaz de ser levado ao ar, Antonio Carlos deu-se conta de que precisaria também de uma nova identidade. Apesar do vozeirão, ele nunca havia pensado antes na possibilidade de trabalhar no rádio. E a situação desenvolveu-se muito de repente.

"As coisas foram acontecendo muito rápido. Não tinha planejado isso. Na verdade, a única coisa planejada foi ter entrado na Continental, porque eu queria trabalhar numa gravadora e trabalhar com música diretamente. Mas essa história do rádio aconteceu de repente. Nem sei se necessariamente era uma vontade. Na época eu curtia muito mais o fato de ter uma banda, fazer música, do que necessariamente ter um programa de radio", revela.

Não demorou muito e surgiu a oportunidade para um segundo teste na Excelsior FM. Simultaneamente, Pena Schmidt acabara de voltar ao Brasil depois de uma temporada em Londres. Os dois se conheciam do trabalho na Continental. "O Pena tinha acabado de voltar pro Brasil e eu imediatamente grudei nele porque ele trouxe uma porrada de discos na bagagem", conta Kid.

"Antonio Carlos e eu circulávamos ali pelo segundo andar (do prédio da Continental). Nos víamos de vez em quando. Ele tinha apreço pelo rock'n'roll e tínhamos assunto. Ali por 1978 fui parar um ano em Londres. Voltei com uma coleção de discos, mostrei para as pessoas. Apareci na Continental e o Antonio Carlos se amarrou nos compactos – tipo estreias de Elvis Costello ('Watching the Detectives') e Dire Straits ('Sultans of Swing')", relembra Pena Schmidt.

Os dois começaram então a conversar e Antonio Carlos contou a Pena sobre o teste da Excelsior. Explicou tudo, desde que o teste não tinha dado certo até o surgimento de uma segunda chance e a dificuldade para estabelecer uma identidade diante do microfone. Pena Schmidt ouviu tudo com atenção e então deu início a uma espécie de sabatina.

"'Você já esteve lá, conhece os DJs lá de fora', ele me disse. 'Qual a banda que você mais gosta hoje?' Eu falei o The Clash. 'E DJs estrangeiros, quais?' Eu respondi Kid Jensen, da BBC, e o cara que era manager do The Clash e também era DJ, o Kosmo Vinyl", detalha Antonio Carlos.

Pena queria um nome forte como o do DJ Big Boy. Antonio Carlos sugeriu abrasileirar o Kosmo Vinyl para Cosmo Vinil. Mas Pena advertiu que alguém sacaria que ele tinha roubado o nome. Veio então a ideia de misturar Kid Jensen com Kosmo Vinyl. Assim surgiu Kid Vinil.

"Em português soou bem e batemos o martelo", relembra Kid.

"Ele me disse que precisava de um nome de artista de banda punk, na linha de Sid Vicious, Poly Styrene, Siouxsie ou Johnny Rotten. Antonio Carlos, um garoto tímido de óculos, um pouco nerd mas muito bem informado, o guri mais bem informado naquele prédio de três andares e centenas de pessoas vivendo de música, no meio do pó do vinil, quase um personagem de [Charles] Dickens, era ele, claro, Kid Vinil. Grudou instantaneamente porque era verdade. Um clarão no céu, o som de um trovão, uma rajada de vento bateu as janelas, e mais que um nome, nasceu um personagem. Kid Vinil foi incorporado e desapareceu num rodamoinho o Antonio Carlos Senefonte", poetiza Pena Schmidt.

Surgia assim um nome não apenas para o DJ, mas também para o programa e para o artista.

De Ponte Aérea a Verminose

Antonio Carlos Senefonte estava de algum modo predestinado à música. Da paixão pelos discos à vontade de ter uma banda, deu um jeito de ir trabalhar em uma gravadora e quando viu já estava fazendo teste para ter um programa de rádio. E o trabalho na Continental acabou servindo de fio condutor para todos os desdobramentos que estavam por vir na vida de Kid Vinil.

Sua grande vontade era ter uma banda. Como não tocava nenhum instrumento, punha-se a cantar. Começou no festival da escola, quando formou o Ponte Aérea. Ainda que não tenha alcançado projeção, a banda manteve-se por uns anos. Mais tarde, depois de empolgar-se com a cena punk londrina durante uma viagem a trabalho, Antonio Carlos chegou a arranhar a guitarra na seminal AI-5. Era a encarnação perfeita de um dos lemas mais jocosos do movimento punk, segundo o qual qualquer pessoa podia ter uma banda, mesmo que não soubesse tocar nada.

Acontece que a guitarra não era a praia dele. O tempo passou e o trabalho na Continental, em torno do qual a vida de Antonio Carlos Senefonte já girava em tempo praticamente integral, serviu também de embrião para a formação do Verminose.

Foi nos corredores da Continental que Antonio Carlos conheceu o baterista Trinkão Watts e o guitarrista Fábio Gasparini.

Trinkão fazia as artes de capa dos discos da Continental e já tinha uma banda com o baixista Lu Stopa e o guitarrista Tuclei chamada Ponto e Vírgula. Fábio, por sua vez, trabalhava na produção de discos infantis da gravadora, mas era um músico tarimbado. Precoce e talentoso, ele foi guitarrista do Sunday, banda que fez muito sucesso nos anos 1970 e chegou a emplacar temas de novela, como a regravação de "I'm gonna get married", de Lou Christie, que serviu de trilha sonora para a novela "Beto Rockefeller".

Kid e Trinkão se conheceram na fila do relógio de ponto. Logo começaram a falar sobre bandas. O baterista manifestou então o desejo de fazer um som mais pesado e a afinidade de interesses ficou clara. Trinkão levaria na bagagem o baixista Lu.

Porém, ainda levaria um tempo até Fabio Gasparini entrar para a turma.

No meio de tudo isso, estava em pauta a discussão sobre o nome da banda recém-formada. E por pouco ela não se chamou Pernas de Moça. Felizmente, o radialista Alf Soares, o mesmo que arrumou o teste para Kid na Nova Excelsior, salvou a lavoura com uma sugestão de nome: Verminose.

A sugestão veio durante uma festa da gravadora. Na ocasião, Kid contou para Alf que estava montando uma banda que misturava punk com rock-a-billy e comentou a discussão sobre o nome. Até que ouviu: "Olha, põe Verminose, um nome assim, bem sujo, bem escroto". Segundo o sincero Alf, Verminose era "o nome perfeito para um grupo feio com um som mais feio ainda".

E deu certo. Verminose prevaleceu sobre Pernas de Moça e a banda começou a se apresentar na noite paulistana. Paralelamente, outras bandas de punk rock mais pesado recorreram a essa semântica mais "podreira" para se estabelecerem na cena, como Cólera, Inocentes, Olho Seco e tantos outros da época.

A dança das cadeiras dos guitarristas

Em seus primeiros momentos de existência, o Verminose submeteu seus guitarristas a uma verdadeira dança das cadeiras. O primeiro guitarrista do Verminose foi Wilson Falchi, que tocava com Kid Vinil no Ponte Aérea. Depois veio Philé. Wilson e Philé chegaram inclusive a tocar juntos no Verminose. Mas a dupla de guitarristas deu lugar a Minho K, ex-Tres Hombres, sem que a banda tivesse entrado em estúdio.

Foi com Minho K, nome artístico de Celso Pucci, que o Verminose gravou sua primeira fita demo, abreviatura de "fita de demonstração" e recurso muito utilizado pelas bandas iniciantes do século passado – ou milênio, para quem preferir. Essa fita demo está perdida há décadas. "Encontrar essa demo tape era a coisa que eu mais queria na minha vida", exagera Kid. "Ela tinha músicas inéditas, todas do Minho K, 'Giselda Gordini', por exemplo. Eu não lembro de nada dessas músicas e ninguém lembrou delas o suficiente pra regravarmos", lamenta.

"Tinha umas quatro músicas do Minho K que eram fantásticas, mas a gente nunca recuperou essa demo. Apagaram no estúdio, as fitas K7 sumiram e eu não fiquei com nenhuma. Ninguém ficou com nenhuma, por incrível que pareça. É a demo perdida do Verminose", prossegue ele em tom saudosista.

"O Minho K era um guitarrista legal pra caramba, tinha todo um estilo. Não era punk. Ele tinha o estilo rock'n'roll fantástico", elogia Kid. "E foi através dessa primeira demo que a gente conseguiu os primeiros shows do Verminose com o Minho K."

Apesar da opinião favorável de Kid e do restante da banda sobre Minho K, no entanto, o guitarrista não ficaria muito tempo no Verminose. E a saída não foi nada amigável.

Pelo fato de Antonio Carlos conciliar os trabalhos na Continental e na Nova Excelsior, os colegas de Kid tanto na gravadora quanto na rádio acompanharam de camarote o surgimento do Verminose. E foi nessa época que os caminhos da lendária banda Joelho de Porco e do recém-formado Verminose se cruzaram. Por sugestão de Pena Schmidt, os tresloucados Tico Terpins e Zé Rodrix, integrantes do Joelho de Porco, começaram a escrever letras para o Verminose. A sugestão do produtor tinha como objetivo suprir uma grave deficiência da banda, já que nenhum dos integrantes era um grande letrista.

Nesse meio-tempo, o Verminose foi fazer seu primeiro show com Minho K na guitarra. A apresentação ocorreria no Pauliceia Desvairada, casa noturna oitentista com nome inspirado no famoso livro de poemas do modernista Mário de Andrade. E lá estavam Zé Rodrix e Tico Terpins para prestigiar o Verminose pela primeira vez. Ao término do show, no camarim, a dupla puxou Kid de lado e fez suas considerações sobre a banda. Consideraram baixo e bateria em mãos seguras, gostaram da performance de Kid no palco, mas implicaram com o estilo de Minho K.

"O Minho K era rock'n'roll, meio hiponga até. Não era punk. Eu que produzia o visual do Trinkão e do Lu. Eles conheciam punk por causa do meu programa. Já o Minho K era cabeludo, se vestia de um jeito mais hippie", relata Kid.

Tico Terpins e Zé Rodrix achavam que Minho K nada tinha a ver com a banda, que transitava entre o punk e o new wave. "Vai ter que trocar o guitarrista", insistiam eles sem nem cogitarem a possibilidade de uma adaptação.

Apesar de gostarem do estilo de Minho K, seus colegas de banda não bancaram sua permanência e abriram-se para as sugestões de Tico e Zé. "Conversei com o Minho K e expliquei. Ele ficou super chateado. Ficou um bom tempo com raiva de mim por causa disso", diz Kid.

Para substituir Minho K, Tico apostava em Jean Trad, guitarrista de Itamar Assumpção, um dos principais expoentes da Vanguarda Paulistana, movimento no qual também se destacaram Arrigo Barnabé, Premê e Língua de Trapo, apenas para citar alguns.

O vanguardista Jean Trad chegou a fazer alguns shows com o Verminose. Mas paralelamente Kid convidou Fábio Gasparini, que já conhecia dos corredores da Continental. Em consequência, o Verminose ensaiava com os dois guitarristas, primeiro separadamente, depois juntos.

Para a necessidade da banda, porém, uma guitarra era suficiente e uma escolha precisava ser feita.

A qualidade de Jean Trad como músico estava fora de questão, mas sua agenda era movimentada principalmente por causa dos compromissos com Itamar Assumpção. Além disso, seu horizonte musical era mais amplo. Isso, no entanto, teve pouca influência sobre a decisão do Verminose em relação ao futuro. O que realmente levou a banda a pouco tempo depois optar por Fábio Gasparini foi o estilo do guitarrista, pois, ao mesmo tempo em que estava antenado com as novidades, tinha uma pegada mais despojada.

A entrada de Fábio Gasparini, que em 1982 passou a usar o nome artístico Ted Gaz, acalmaria por algum tempo a frenética dança das cadeiras de guitarristas observada no Verminose, amadureceria a sonoridade da banda e serviria de embrião para aquele que se transformaria em um estrondoso sucesso nacional no início da década de 1980, o Magazine.

O Programa Kid Vinil

O primeiro teste de Antonio Carlos na Excelsior FM não deu certo, mas não ao ponto de inviabilizar uma segunda oportunidade. E a conversa com Pena Schmidt serviu para muito mais do que a escolha de um nome artístico. As dicas do produtor foram fundamentais para definir o estilo de locução de Kid Vinil.

Tímido e até mesmo travado, Antonio Carlos não tinha muita ideia do que fazer diante do microfone. "Não se prenda a texto, não se prenda a nada, não escreva texto que você vai dançar. Fale como você fala com a gente, como você tá aqui conversando, quando você tá animado falando de música comigo ou com outras pessoas", aconselhou Pena. "Também leva no estúdio uns amigos punks que você gosta pra dar um clima e fala o que der na sua cabeça", prosseguiu o produtor, mas sem parar por aí: "Se precisar toma umas, toma uma bebidinha pra relaxar, mas não vai ficar bêbado". Outra dica foi marcar o teste para o período da noite. "De dia é roubada", teria dito ele.

"O Pena me deu toda a direção", reconhece Kid.

Antonio Carlos então se preparou. Levou para o estúdio um amigo chamado Walson, integrante de outra banda punk da época, o AI-5, que teve influência sobre seus congêneres, mas que acabou antes de chegar a gravar algum disco.

No momento da gravação do teste Kid estava à vontade. Ao abrir o microfone, ele desembestou a falar de um jeito mais rápido. "Eu gostava do Big Boy, então você ouve as primeiras fitas e era eu falando super rápido", recorda-se. "Não existia por aqui locutor que falasse tão rápido naquela época. E eu achava aquilo legal. Ficava com uma voz esquisita, mas o resultado foi interessante porque a música era rápida. Para apresentar Ramones, Sex Pistols, essas coisas, tinha que ser rápido", opina.

Com o incentivo do diretor Marco Antonio Galvão, o teste de Kid foi então submetido a uma edição, que resultou em um programa-piloto. A gravação foi enviada para apreciação da direção da rádio. Satisfeitos com a criação da personagem e com o estilo diferente do apresentador, os diretores da Excelsior FM decidiram colocar no ar o próprio programa-piloto, que normalmente serve mais de laboratório do que prática.

Kid passou então a apresentar na Excelsior FM um programa semanal. "O programa era gravado, todo editado. O cara da mesa era bom pra caralho. Ele gravava as falas, ia botando o fundo e já emendava com a música. Era tudo no pique. No fim da música eu já entrava anunciando a seguinte, tudo muito rápido", conta.

O programa ia ao ar às 22h de segunda-feira e era bancado pela rádio, que pagava a Kid um salário. A experiência na Excelsior FM acabou por revelar ao grande público o talento de Kid para captar novas tendências e o levaria ao longo das décadas a percorrer praticamente toda a extensão do dial de São Paulo – e décadas mais tarde também à internet – com seus programas repletos de novidades sonoras.

Em consequência das constantes viagens que precisava fazer ao exterior por causa do trabalho na gravadora Continental – e também das viagens de amigos como Vítor Martins e Pena Schmidt –, Kid estava quase sempre um passo à frente de seus pares em relação a novidades musicais. Com isso, logo de cara, Kid acabou por introduzir no Brasil tendências como o punk e a new wave. Com o passar dos anos, seu trabalho ganhou reputação e tornou-se referência principalmente para os amantes do rock e da música alternativa, além de servir de inspiração para profissionais que seguiriam seus passos nos anos e décadas seguintes.

Um deles é o radialista Fabio Massari, também chamado de Reverendo. "Hoje está tudo na mão, mas muito pulverizado. Existem cenas e bandas que nem vão entrar no radar das pessoas pelo fato de tudo isso ficar muito mais espalhado, horizontalizado", avalia Massari. "O que fica dessa transformação toda é que a gente continua tendo que prestar atenção em figuras como o Kid, que de certa maneira continua funcionando como um farol", prossegue.

Enquanto isso, além do programa de rádio, Kid já fazia suas discotecagens em festas punk pela periferia de São Paulo – às vezes dotado apenas de fitas K7 – e em casas noturnas como o Pauliceia Desvairada e o Hong Kong.

Apesar da boa audiência e da rápida disseminação da fama de propagador de novas tendências, Kid Vinil não estava imune a problemas com o público, especialmente no início de sua longa trajetória radiofônica. Ao mesmo tempo que o público punk respeitava e acompanhava seu trabalho, de algum modo rejeitava o envolvimento de Kid com a grande mídia. "O fato de no início eu achar que era um líder de movimento pra eles não existia. Eu queria tomar uma posição e falar: 'eu sou o bam-bam-bam, tenho programa, faço e aconteço'. E isso incomodava também. Apesar de terem que ouvir o programa porque não tinha onde ouvir aquelas novidades todas, eles respeitavam e ao mesmo tempo não aceitavam aquela figura, talvez arrogante pra eles, bem-sucedido de certa forma", avalia Kid.

Algo similar aconteceu com Supla, compara Kid. "Depois de algum tempo eles cresceram e sacaram, mas enquanto eram moleques era daquele jeito. A molecada via o Supla no começo e chamava ele de punk de butique. Depois foi preciso reconhecer que o Supla é um cara legal, uma pessoa inteligente. Mas sempre ficou um ranço dos punks porque ele era o punk bem-sucedido", acredita.

Com o passar dos anos, porém, as restrições dos punks a Kid foram se desfazendo e muitos deles passaram a reconhecer que foi graças ao Programa Kid Vinil que tomavam conhecimento das novidades em uma época em que, por causa da paranoia do governo ditatorial, os brasileiros tinham extrema dificuldade de acesso a novidades e informações procedentes do exterior, inclusive em relação à música.

Sucesso nos corredores

Em qualquer banda, especialmente de rock, a alteração de um componente dificilmente deixa de provocar mudanças na forma como as músicas são executadas, assim como muitas vezes alteram o repertório. Com o Verminose não seria diferente. A saída de Minho K e a definição de Ted Gaz como novo guitarrista levou a banda mais uma vez ao estúdio, para a gravação de uma nova fita demo.

O novo trabalho, feito no estúdio Gravodisc no início da década de 1980, registrava as primeiras versões das canções "Franguinha Assada", "Tô Sabendo", "O Herói do Brasil" e aquele que viria a ser o primeiro grande sucesso da carreira de Kid Vinil e da banda, mas já sob o nome Magazine, "Sou Boy".

A tecnologia atual permite hoje que um CD seja riscado em questão de poucos minutos ou que um arquivo MP3 seja baixado em segundos. É provável que dentro de alguns anos não seja mais assim. Naquela época, porém, as fitas demo precisavam ser copiadas uma a uma em gravadores de duas cabeças.

A demora dependia da duração da fita original. Era um trabalho artesanal, quase manual, e que exigia paciência. Gravar cem cópias, por exemplo, significava quase necessariamente ouvir cem vezes as mesmas músicas. De qualquer forma, isso fazia parte do preço de quem queria levar seu trabalho musical adiante.

A demo foi então devida e carinhosamente copiada e começou a ser distribuída. Não demorou e as músicas, com suas letras bem-humoradas, começaram a virar sucesso nos corredores da gravadora Continental, onde os colegas incentivavam e se interessavam pela empreitada musical de Kid, Trinkão e Ted. Dos quatro integrantes, somente Lu não trabalhava na gravadora. O mesmo sucedeu na rádio Nova Excelsior.

O fato de Kid trabalhar em dois lugares cujo principal negócio era a música ajudou bastante, mas foi aproveitado de maneira radicalmente oposta por um e outro.

Na Nova Excelsior, o Verminose contou com uma forcinha do diretor artístico Maurício Kubrusly. Ele ouviu "Tô Sabendo", gostou e autorizou a execução da música na rádio. Na Continental, apesar do tanto de gente influente na gravadora ciente dos primeiros passos de uma banda praticamente formada em seus próprios corredores, o Verminose fazia sucesso apenas entre os funcionários. Já no alto escalão da gravadora, enquanto uma parte ignorava o que acontecia, outra omitiu-se de apostar no trabalho e só percebeu que estava diante de uma banda destinada ao sucesso quando já era tarde demais.

"De toda a história do rock brasileiro dos anos 1980, acredito que o Kid mereça o título de ser um estupendo precursor em seus mais variados sentidos", avalia o jornalista Fernando Naporano – e não apenas por ser amigo de longa data do protagonista deste livro. "Antes da explosão tardia do punk no Brasil, o Kid já tinha bandas 'apuncalhadas'. (...) Com o Magazine, deu o pontapé inicial ao que viria a ser a new wave brasileira. Os três primeiros compactos e o álbum de estreia são marcos fundamentais na cultura rocker brasileira", justifica.

Verminose vira Magazine e assina com a Warner

A fita demo gravada pelo Verminose depois da entrada de Ted Gaz foi feita no estúdio Gravodisc. O estúdio pertencia à gravadora Continental. A demo, porém, foi bancada inteiramente pela banda. Dos porteiros aos diretores, praticamente todo mundo na gravadora sabia que três de seus funcionários tinham uma banda que começava a causar burburinho com seus shows e já formava um público cativo, principalmente em São Paulo. É quase inexplicável, no entanto, o motivo da falta de interesse da Continental em investir em uma banda não apenas promissora, mas que vinha recebendo conselhos e elogios de nomes como o produtor Pena Schmidt e os músicos do Joelho de Porco, que eram artistas contratados da gravadora.

O diretor artístico da Continental, Moacir Machado, já tinha assistido ao show do Verminose e tinha gostado, mas foi claro quando abordado por Kid depois de ouvir a demo. "É muito louco, mas aqui não dá [pra lançar]."

Kid, Ted, Trinkão e Lu podiam ter ficado esperando um raio de lucidez atingir a cabeça de algum diretor da gravadora, mas preferiram ir à luta.

O cenário do rock brasileiro na época parecia não ser muito favorável às ambições da banda. Depois do arrefecimento da Jovem Guarda, o rock brasileiro viveu tempos gloriosos com a consolidação de bandas como Made In Brazil e Mutantes e as valorosas contribuições dos Novos Baianos e do Secos & Molhados na mescla de estilos brasileiros com o peso do rock'n'roll. Na virada dos anos 1970 para os 1980, porém, o que restava de tudo isso em termos de repercussão com o grande público eram as carreiras solo de Rita Lee e Raul Seixas.

Ainda não se sabia, no entanto, que o Verminose estava na linha de frente daquela que poderia ser considerada a primeira ressurreição do rock brasileiro, que ao longo dos anos seguintes viveria novos dias de glória com Legião Urbana, Titãs, Barão Vermelho, Os Paralamas do Sucesso, Ira!, Ultraje a Rigor, Lobão, Lulu Santos, Engenheiros do Hawaii, Capital Inicial, RPM, Camisa de Vênus, Blitz e Plebe Rude, além do Kid Abelha e do próprio Verminose, que se tornaria nacionalmente famoso com outro nome: Magazine.

A demo do Verminose primeiro chamou a atenção de Antonio Carlos Albuquerque e René Ferri, donos da Wop Bop, uma famosa loja de discos então estabelecida na Rua Barão de Itapetininga, no centro de São Paulo – e também grandes amigos de Kid Vinil. Na época, os dois pretendiam iniciar um selo independente e propuseram a Kid o lançamento da demo em compacto ou no formato EP. Mas então uma grande gravadora entrou na história.

Com a ajuda do bem relacionado Pena Schmidt, os rapazes do Verminose conseguiram apresentar seu trabalho à Warner. "Numa mesa da Churrascaria Rodeio, um dia André Midani combinou comigo que iríamos fazer umas tentativas para lançar uma safra de novos artistas que eu insistia que tinham cara de futuro, de coisa nova e moderna, que iriam fazer renascer o rock como o punk havia renovado o som inglês e acordado tudo de novo, uma década depois dos Beatles. 'Teríamos uma nova Jovem Guarda', vendia eu meu peixe. Ganhei um mandato para buscar bandas para fazer compactos, eu acreditava nisso como ferramenta de hit maker. Tinha acabado de acontecer em Londres", relembra Pena.

Nessa época, o Verminose abria os shows do Tutti-Frutti no Victoria Pub, em São Paulo, e encaixava-se perfeitamente ao que o produtor tinha em mente. Pena aproveitou uma festa para funcionários da Warner que seria realizada na casa para fazer com que seus contatos no alto escalão da gravadora prestassem atenção no show do Verminose. E deu certo. O som da banda e a performance alucinada de Kid Vinil agradaram aos executivos presentes. A Warner acreditou no potencial do Verminose, chamou os integrantes da banda para uma reunião e decidiu investir no trabalho.

Ao mesmo tempo, os integrantes do Verminose, apesar de a banda já ter uma certa notoriedade no circuito, não gostavam muito do nome que levavam nas costas. Além disso, o estilo punk sonoro e visual aos poucos vinha cedendo mais e mais espaço ao new wave, principalmente por influência do guitarrista Ted Gaz, músico experimentado e interessado em arranjos mais sofisticados. Outro fator a estimular a opção pela mudança foi o humor contido nas letras de Zé Rodrix e Tico Terpins, em brutal contraposição às letras social e politicamente engajadas das demais bandas dos primórdios do punk no Brasil. Kid, enquanto isso, aproveitava suas constantes viagens a Londres e Nova York para investir no visual da banda. Ele costumava voltar com as malas cheias de roupas novas, o que resultou em uma composição visual mais conectada com o new wave. Diante de tudo isso, os integrantes da banda decidiram então aproveitar o novo momento e discutir uma nova identidade coletiva.

Assim como a mudança no estilo musical da banda, a discussão sobre a busca por um novo nome foi não só incentivada, mas imposta por Fábio Gasparini, o Ted Gaz. "O Fábio condicionou a permanência dele na banda a um direcionamento mais musical. Ele também não queria o nome dele de alguma forma associado ao punk", afirma Kid.

Ted Gaz foi procurado para conversar sobre o período em que tocou com Kid Vinil, mas preferiu não se pronunciar.

"Não foi uma transição assim tão difícil, apesar de eu ainda gostar de punk, de eu ter vontade de ter uma banda de punk", observa Kid. "Mas naquele momento eu não ia sair caçando ninguém pra tocar punk", admite. "Também apostei na ideia dele de fazer uma banda mais popular e muito mais radiofônica, uma coisa que a gente pudesse sobreviver, e não ficar limitado a bares. Todo bar que a gente ia tocar na época do Verminose dava briga", lamenta.

Em relação ao nome da banda, Trinkão insistia em Pernas de Moça, nome que já havia sido preterido quando Alf Soares sugeriu Verminose. Mas o baterista contava com o apoio do baixista Lu Stopa a sua sugestão. Ted, por sua vez, defendia Zona Azul, em alusão ao sistema de estacionamento rotativo pago vigente nas ruas de São Paulo. Mas depois a banda descobriu que haveria problemas por se tratar de um nome já registrado pela prefeitura paulistana. Kid, por sua vez, propunha Magazine, que também não era um nome livre de problemas.

Já existia na época uma banda inglesa pós-punk chamada Magazine. O Magazine inglês, no entanto, não chegou a ficar conhecido no Brasil. Também contava a favor da banda o fato de a palavra também ter significado e uso corrente em português.

No fim, o quarteto decidiu rebatizar-se Magazine e praticamente não enfrentou nenhum contratempo sério por causa da escolha. "Os new waves mais radicais daqui chiavam", recorda-se Kid. "Acusavam a gente de ter roubado o nome dos caras. Argumentei que a gente fez pensando numa loja, que é uma palavra em português. Acho que a banda nunca nem ficou sabendo que nós usamos o mesmo nome que o deles aqui no Brasil", especula.

"Fazia frio, eu estava usando uma capa de chuva de pano, numa espelunca onde tocavam as bandas punk, ali no centrão de SP, perto da 9 de julho, sinistro, Café A Pulga. Apertados num corredor fazíamos uma reunião de gravadora. Os meninos do Verminose eram a atração da noite e estavam tensos, pediam minha ajuda para um tema: íamos entrar em estúdio para fazer um LP. Queriam mudar o nome da banda, uma decisão importante. Queriam partir para o mundo pop new wave, não mais punks. E punk não perdoa. E qual seria a opção? Magazine. Pode ser escrito com as letras do Mappin? Era um nome muito bom para dizer não", opina Pena Schmidt.

Decidido o nome, a banda foi para o estúdio Áudio Patrulha gravar seu primeiro compacto simples, lançado no início de 1983. O compacto continha "Sou Boy" e "Kid Vinil". Levada às rádios, "Sou Boy" estourou e no mesmo ano a banda gravou seu único LP com a formação original, intitulado *Magazine*.

O Magazine brasileiro alcançou o estrelato pela Warner, mas Kid continuava dando expediente na Continental, compensando os dias perdidos por causa de shows e viagens com horas extras na gravadora. Certo dia, o dono da Continental, Alberto Byington Neto, chamou Kid em sua sala. O objetivo era cobrá-lo por supostamente não ter recorrido à Continental.

"Pô, por que você não gravou aqui?", questionou Byington sem cerimônia.

"Ora, porque o seu diretor artístico achou que o nosso estilo era muito louco, que eu parecia um ratão no palco, e não quis", retrucou Kid.

"Ratão louco" foi a forma encontrada por Moacir Machado para verbalizar, depois de assistir a um show do Verminose, sua opinião sobre a performance alucinada de Kid Vinil no palco, influenciada por grandes nomes do rock e alguns de seus ídolos na época, entre eles Mick Jagger, dos Rolling Stones, Johnny Rotten, do Sex Pistols, e até mesmo The Clash. Não lançar a banda, ao mesmo tempo, foi sua forma de ratificar na vida real o ditado popular segundo o qual "santo de casa não faz milagre".

Apesar do constrangimento de ser enquadrado pelo dono da gravadora onde trabalhava havia já alguns anos, Kid ainda permaneceria por mais algum tempo na Continental antes de sair para dedicar-se exclusivamente ao Magazine.

Sou Boy, a música

O advogado de Tico Terpins, vocalista do Joelho de Porco, certo dia ouviu um office-boy de seu escritório cantarolando despretensiosamente uma música no corredor.

"Eu sou boy, boy, eu sou boy", cantarolava o rapaz.

Depois de pedir para o jovem cantar a música inteira, o advogado ligou para seu cliente e disse: "Olha, Tico, tem um moleque aqui, um boy que trabalha comigo, às vezes faz serviço pra você também, o Aguinaldo. Ele fica cantarolando uma música sobre um office-boy. Vocês que têm estúdio aí, leva ele pro estúdio um dia, pede pra ele cantarolar a letra pra ver como é que é. De repente vocês aproveitam pra alguma coisa".

Dias depois, Tico Terpins levou Aguinaldo para o estúdio, colocou-o diante do microfone e pediu: "Canta a letra inteira aí".

Aguinaldo cantou, Tico registrou o vocal e depois começou a perguntar ao rapaz como que ele tinha feito a letra. Ele contou que fez na escola, que não tocava nada, mas era office-boy e acabou escrevendo.

"O Tico apareceu com uma música que parecia um rock dos anos 50 refeito em português, com uma letra superencaixada numa melodia quase tradicional de rock, tão perfeita que parecia música de sacanagem. 'Acordo 7 horas, tomo o ônibus lotado...' Isto é sertanejo urbano. Meus cabelos se arrepiaram imediatamente em homenagem aos meus muitos anos na Continental. 'Entro oito e meia, chego sempre atrasado...' Isto é moderno, está acontecendo agora! 'Sou boy, sou boy, sou boy...' Danou-se, este é o refrão mais grudento dos anos 80!", afirma Pena com entusiasmo.

"Tico e Zé me mostraram a música lendo uma folha de caderno bem amassada, morrendo de rir, eu achando o máximo e eles cantando e dizendo que um office-boy havia ido até lá e sabendo que era um estúdio e tinha deixado uma música, sem muitos detalhes. De alguma maneira que não me lembro, a música foi parar na mão do Kid Vinil, com Ted Gaz fazendo uma introdução de guitarra já imortal, e subitamente estávamos gravando 'Sou Boy' no Áudio Patrulha. Fui correndo mostrar para Guti, o diretor artístico de plantão da WEA. A música caiu nas graças da gravadora que lançou um compacto simples imediatamente e se deu bem", recorda Pena.

Pena não se lembra, mas, segundo Kid, foi o próprio produtor que apresentou a ele a música. "O Pena chegou um dia na Continental, jogou a fita na minha mesa e falou: 'dá uma ouvida'", conta Kid.

"Eu ouvi e morri de rir. Achei engraçadíssimo. Aí levei pro Ted e falei que faltava colocar uma música naquela letra", recorda.

Kid deu a Ted Gaz a ideia de compor um rock-a-billy. "Eu tinha voltado de Londres, tinha visto Stray Cats e estava alucinado com rock-a-billy. A primeira demo que a gente fez da 'Sou Boy' é rock-a-billy, não tem nada a ver com a versão que depois a gente gravou e fez sucesso. Eu até gostava mais dessa versão do que a versão que a gente fez depois. Porque a princípio essa versão rock-a-billy era legal e tudo, mas não era comercial. Comercialmente falando ela não tinha uma pegada tão radiofônica, porque rock-a-billy ainda não tava pegando. Quando a gente assinou com a Warner, o Ted decidiu fazer um outro arranjo", afirma Kid.

O novo arranjo, numa versão new wave, contava inclusive com a mudança de tom da música, o que dificultou o trabalho de Kid na hora de gravar a voz. "Tive que refazer umas quinhentas mil vezes", exagera. Os backing vocals são de Vânia Bastos, outro expoente da Vanguarda Paulistana presente no início da trajetória musical de Kid.

Ainda que a música original tenha sido mexida em favor de uma aposta mais comercial, o mais interessante era a espontaneidade proporcionada pela experiência de vida do jovem autor da letra. "'Sou Boy' foi uma coisa espontânea. Muita gente achava que era um besteirol, e isso e aquilo, mas era escrita por um office-boy", opina Kid.

Ao ouvir o resultado final da gravação que iria para o disco, Tico Terpins foi profético: "Umas cem mil cópias a gente garante!".

Tico errou por pouco. Tempos depois, a Warner prestaria contas à banda de cerca de 75 mil cópias do compacto vendidas no total.

A primeira execução a gente nunca esquece

Assim que o compacto de "Sou Boy" ficou pronto, a Warner enviou a música para as rádios e começou a agir para que ela atingisse o topo das paradas. Mas nem precisou de tanto esforço. Nesse mesmo dia, andando por São Paulo, Kid Vinil e Ted Gaz quase bateram o carro quando ouviam despretensiosamente o Top 10 da Rádio Cidade e ouviram "Sou Boy" em primeiro lugar.

"Eu estava no carro com o Ted ouvindo a Rádio Cidade no fim da tarde. Aí começam as dez mais pedidas do dia, depois Top 5. Número 3, número 2 e a gente nem aí. Quando veio a primeira, a gente quase bateu o carro de susto", conta Kid.

Os dois ficaram impressionados e primeiro acharam se tratar de um resultado do trabalho da gravadora, mas depois descobriram que um dos motivos foi outro, não menos louvável.

No mesmo dia em que a música começou a tocar na Rádio Cidade, os colegas de Kid na editora da gravadora Continental puseram-se a ligar freneticamente para a emissora para pedir a música. Ligaram tanto que a música, já no primeiro dia, foi parar no primeiro lugar da parada.

Kid soube da ajuda espontânea dos colegas de gravadora apenas no dia seguinte. "Cheguei lá e eles me contaram: 'a gente ouviu a música no rádio e queria que ela fizesse sucesso, então nós ficamos o dia inteiro ligando pra Rádio Cidade. A gente fez isso porque a gente gosta de vocês'", relembra.

"Ali na editora todo mundo adorava a gente, gostava da banda. Não sei se foi só com os telefonemas deles, mas o fato é que já no primeiro dia a música ficou em primeiro lugar na parada", conclui.

Após polêmica entrevista à ISTOÉ, quebra-quebra no Lira Paulistana

O sucesso bateu à porta do Magazine e não tardou muito a subir à cabeça. A banda saiu do underground, foi abraçada por uma grande gravadora e lançada com estardalhaço. O refrão pegajoso de "Sou Boy" estava nas bocas e nos ouvidos de qualquer um que tivesse um rádio por perto. Logo o Magazine começou a chamar a atenção da imprensa e a revista ISTOÉ procurou Kid Vinil para uma entrevista. A jornalista destacada para a pauta foi a experiente Regina Echeverria. E encontrou diante de si um entrevistado sem papas na língua e disposto a experimentar todas as armadilhas que aparecessem durante a conversa. Tendo em vista que, ao longo dos anos, Kid raramente envolveu-se em polêmicas, é possível considerar que tudo não tenha passado de um arroubo de imaturidade. Mas o estrago foi considerável.

Vestindo roupas de Vivienne Westwood e outros itens da moda punk inglesa, Kid apresentou-se num misto de petulância e arrogância como uma espécie de líder de um movimento punk ao qual supostamente pertencia. Mas, apesar da origem humilde, Kid aproximava-se dos 30 anos de idade em uma posição privilegiada. Ocupava um bom cargo em uma grande gravadora, ganhava um bom salário, tinha um programa numa rádio pertencente às Organizações Globo, sua banda começava a fazer sucesso, viajava com frequência ao exterior em uma época na qual sair do Brasil custava muito caro, dirigia carro do ano, e por aí vai. Ao mesmo tempo, as letras passavam longe de qualquer crítica social e já flertavam com o besteirol, estereótipo do qual Kid teve dificuldade para se distanciar ao longo dos anos. De punk mesmo sobrava só o som. E é preciso levar em consideração que a sonoridade do Verminose e depois do Magazine foi ficando mais pop à medida que Ted Gaz trabalhava os arranjos.

Na entrevista a Regina Echeverria, publicada sob o título "Kid Vinil, o herói do Brasil", Antonio Carlos Senefonte destilou tudo isso e mais um pouco, aparentemente sem se dar conta da repercussão que teria sua publicação por uma revista semanal de grande circulação, como no caso da ISTOÉ.

Os mesmos punks que ouviam o programa de Kid Vinil na Nova Excelsior já torciam o nariz para o Verminose. "As nossas músicas já eram mais trabalhadas para o que os punks estavam pensando em fazer aqui naquela época. Bandas como Cólera e Inocentes eram uma coisa bem raiz mesmo. Não tinha nada tão trabalhado. A gente tinha um músico tarimbado, o Ted, e ia além do punk, misturando rock-a-billy, rock'n'roll. A gente já sabia muita nota", explica com ironia. E essa má vontade piorou quando a banda assumiu novas sonoridade e identidade como Magazine.

Tudo isso somado à repercussão da entrevista à ISTOÉ só poderia terminar em confusão. O desfecho se deu no Lira Paulistana, badalada casa noturna de São Paulo no início dos anos 1980. Apesar de brigas não serem exatamente uma raridade nos tempos de Verminose, por muito pouco os acontecimentos do Lira Paulistana não terminaram em tragédia.

Os punks chegaram irritados para aquele show do Magazine. No meio da apresentação começou a pancadaria, a princípio sem que ninguém entendesse direito o que se passava. "Saiu uma pancadaria medonha e o Kid gritou: 'Para essa porra de show... Irmãos, irmãs, por que estão brigando?'", relata Trinkão.

"Aí ele falou: 'fiquem sabendo que eu sou o líder do movimento'... Pra que o Kid falou isso? Foi a mesma coisa que tentar apagar fogo com gasolina. Um camarada gritou: 'líder o caralho! Você vai apanhar, seu filho da puta!' E partiu com os seus comandados pra cima dele e de nós", relembra Trinkão. O camarada em questão era Clemente Nascimento, mais conhecido por liderar a banda Inocentes.

O público começou a atirar objetos no palco e partiu pra cima da banda. Kid até tentou bater boca, mas os músicos saíram correndo do palco e refugiaram-se nos camarins. Dos quatro, somente o baterista Trinkão Watts enfrentou fisicamente os punks e se machucou um pouco.

"Eu dizia: 'eu sou um líder punk de vocês'. E eles respondiam: 'líder o caralho. Você é um burguês filho da puta. Não queremos líder'. Aí virou um bate-boca, eles vieram pra cima, quebraram toda aparelhagem. O próprio Clemente me odiava na época. Ele veio com uma garrafa quebrada, bêbado, dizendo: 'eu vou te matar, eu vou te matar!'", relembra Kid, ainda vivo ao que consta.

Praticamente todos os relatos sobre o episódio dão conta de Clemente à frente da revolta contra Kid Vinil. O histórico vocalista do Inocentes, por sua vez, se defende. "O ocorrido no Lira foi um grande mal-entendido", assegura Clemente. "Eu não estava querendo bater no Kid e na banda. Eles eram meus amigos. Na verdade eu fiquei colocando panos quentes, se não a coisa teria sido muito pior", afirma ele. "O Kid é meu amigo até hoje", enfatiza.

"Eles me consideravam burguês. Eu era um pré-Supla. O Supla nem existia ainda e eu já era odiado por ser punk de butique. O Supla era odiado porque era rico, tinha tudo, e os punks levavam uma vida dura", constata. "Para muita gente minha vida era um sonho", diz Kid, lembrando-se imediatamente de Mingau.

"Eu me lembro que o primeiro punk a viajar pra Londres foi o Mingau. O Mingau vendeu tudo que tinha, vendeu amplificador, e não conseguiu ficar nem uma semana em Londres porque não tinha dinheiro nenhum. Ele foi só pelo sonho de pisar em Londres. Ele morava na periferia, não tinha um puto, mas botou na cabeça que ia conseguir. O sonho dos caras era isso, então o Mingau foi um pioneiro dos punks. Ele estava dizendo pros caras que era possível uma coisa que pra eles parecia inatingível."

Observando em retrospectiva, já passados mais de trinta anos do episódio, Kid admite seus excessos na ocasião. "Eles tinham toda um concepção e estilo de vida de um movimento contracultural e eu arrogante daquele jeito. Eu queria projeção, achei que estava tudo lindo.

A ISTOÉ queria fazer uma matéria de quatro páginas e eu mandei ver. Eu era meio desbocado. Nessa época eu não pensava no que eu falava ou nas consequências, aquela inexperiência. E a jornalista ainda era a Regina Echeverria, experiente, famosa. Ela deitou e rolou com tudo o que eu falei, foi tirando de mim as respostas, eu não medi as palavras e ela mandou ver."

Cautela, caldo de galinha e cuidado ao falar com jornalistas tarimbados nunca são demais.

O primeiro LP e os problemas com a censura

O contrato com a Warner e o sucesso do compacto "Sou Boy" levaram o Magazine de volta ao estúdio ainda em 1983 para gravar um LP que teria como título o nome da banda. A questão é que o Magazine atravessava um momento de mudança de identidade visual e sonora, ainda dispunha de um repertório limitado de músicas próprias e as letras feitas sob medida por Zé Rodrix e Tico Terpins não raro eram barradas pela censura ainda vigente no crepúsculo da ditadura cívico-militar. "Quase todas as músicas do Tico e do Zé tinham duplo sentido e a censura pegava. A gente tinha que ficar tentando mudar a letra", lembra Kid.

A censura federal influenciou consideravelmente o resultado do LP, em muitas ocasiões obrigando adaptações totalmente sem sentido. A sexualmente explícita "Franguinha Assada", por exemplo, nem chegou a ser lançada pelo Magazine, pois alterar a letra sem comprometer a música era missão praticamente impossível.

"'O Herói do Brasil' eu acho que a gente não precisou mudar muita coisa, a 'Billy Rubina', sim. Raramente a gente tocou essa música depois, inclusive. Ela é cheia de trocadilhos. Tem uma parte que eles fazem um trocadilho e falam em 'mãe na zona'. E 'mãe na zona' nunca passou na censura. Eu troquei por 'amazonas'. Era preciso fazer esse tipo de troca nas letras", lamenta Kid.

"A gente tinha também aquela 'Casa da Mãe', que também falava em droga: 'eu encaro umas grinfa na casa da mãe'. Grinfa era uma gíria de tomar pico. Por incrível que pareça alguém na censura sabia o que era grinfa. 'Eu sempre tô dando uma bola na casa da mãe', sabiam que era uma gíria de fumar maconha. Então no disco a gente foi 'eu sempre tô jogando bola na casa da mãe'. Ao invés de 'grinfa' a gente mudou pra 'gringa na casa da mãe', tudo por causa da censura.

A situação obrigou a banda a recorrer a diversas regravações. E tudo precisou ser feito às pressas, pois a Warner queria o LP para ontem.

Entrou em cena então a forte influência da Jovem Guarda sobre Kid. O Magazine regravou músicas como "O Homem da Motocicleta", de Erasmo Carlos, e "Meu Bem Lollipop", que já era uma versão de Wanderléa para "My Girl Lollypop", de Millie Small. O repertório também contou com sugestões dos amigos Antonio Albuquerque e René Ferri, os donos da Wop Bop e frequentadores assíduos dos shows do Magazine. Uma delas foi "O Adivinhão", canção de Wilson Miranda e Baby Santiago interpretada nos tempos de Jovem Guarda por Jorge Friedman.

Porém, a mais improvável e provavelmente a mais famosa das regravações inseridas no LP, produzido por Pena Schmidt, foi a de "Fuscão Preto", sucesso sertanejo da época na voz de Almir Rogério. "A gente já tocava 'Fuscão Preto' nos shows", relembra Kid. "Tivemos então a ideia de gravar uma versão new wave do 'Fuscão Preto'. Eu mostrei pro Ted uma banda inglesa chamada Altered Images, sugeri o arranjo do 'Fuscão Preto' em cima da música 'Happy Birthday' e o resultado foi bem legal", avalia. No estúdio, a gravação de "Fuscão Preto" foi uma festa. A música conta com a participação de Júlio Barroso, May East e toda a trupe da Gang 90 e as Absurdettes, famosa na época pelo sucesso "Perdidos na Selva".

"No estúdio, Zé Rodrix e Tico Terpins ajudaram no repertório, criando canções perfeitas para o Magazine, várias pérolas do rock que se juntaram num LP primoroso, sustância para a carreira dos meninos", opina o produtor Pena Schmidt. "'Pau na Marginal' é um clássico dos motoboys e 'Fuscão Preto' um dos melhores grooves de guitarra que gravei. Nada como ter um pé no sertanejo e outro no punk. Assim era Kid Vinil, o Herói do Brasil, como definiu Zé Rodrix. Dali pra frente a banda decolou, eu havia feito a minha parte", prossegue ele.

Impulsionado pelo sucesso de "Sou Boy", o Magazine tinha uma agenda de shows cada vez mais concorrida. Vieram então apresentações por todos os cantos do Brasil e aparições constantes em programas de auditório.

Ainda em 1983 sairia o segundo compacto simples, com "O Adivinhão" e "Casa da Mãe". Ao longo dos dois anos seguintes, o Magazine faria show atrás de show e voltaria a entrar em estúdio somente em ocasiões especiais – e até mesmo inusitadas.

Primeira vez no Chacrinha, sob disfarce

Kid Vinil e os demais integrantes do Magazine talvez tenham perdido as contas de quantas vezes participaram do Cassino do Chacrinha, o programa de auditório mais concorrido do início dos anos 1980 e do qual se tornariam frequentadores constantes durante o auge da banda. A primeira aparição deles no Chacrinha, porém, ocorreu sob disfarce.

O argentino Billy Bond, ex-vocalista do Joelho de Porco, aventurara-se em uma proposta solo cantando new wave e a gravadora armou uma aparição do artista no Chacrinha. A aparição, como ainda hoje é bastante comum, seria uma encenação conduzida com playback.

Apesar disso, era preciso de uma banda atrás fingindo que estava tocando. Surgiu então a ideia de os integrantes do Magazine entrarem com Billy Bond na condição de banda de apoio, mas mascarados, pois o sucesso parecia uma questão de tempo e era preciso evitar que eles fossem reconhecidos.

Kid, Lu e Trinkão toparam. Apenas Ted não foi. A esposa de Billy então confeccionou as máscaras, todas elas baseadas em uma caricatura do rosto do marido, e seguiram todos para o estúdio.

Mascarados, Kid fingiu que tocava baixo, Lu pegou a guitarra e Trinkão não precisava enganar que era baterista. A encenação começou com Billy entrando no palco em cima de uma motocicleta enorme. Ele então desceu da moto e começou a cantar.

No fim da música, porém, Lu descumpriu o combinado e tirou a máscara. Aparentemente, porém, ninguém se deu conta.

A proposta new wave de Billy Bond não emplacou, mas de certa forma valeu como um batismo do Magazine no palco do Chacrinha.

Agora sem máscaras

A segunda vez no Cassino do Chacrinha dispensou máscaras. Era 1983 e a atração era o próprio Magazine. Com o sucesso de "Sou Boy", a banda começou a dar as caras em todos os programas de auditório que havia na época, assim como tocava incessantemente em todas as rádios e programas de música jovem. Silvio Santos, Chacrinha, Gugu Liberato, Raul Gil, Hebe Camargo, Barros de Alencar e diversos outros comunicadores levaram a suas audiências a irreverência do Magazine. Nos bastidores desses programas, os integrantes entravam em contato e travavam amizade com o pessoal de outras bandas. No caso do Magazine, as amizades mais marcantes foram com o pessoal da Gang 90, do Kid Abelha e dos Paralamas, sem contar o relacionamento praticamente carnal com o Joelho de Porco. Também houve incontáveis shows com outras bandas que começavam simultaneamente, como Ultraje a Rigor e Ira!.

O clima quase sempre era de confraternização e festa. Raul Seixas, por exemplo, costumava fazer comentários elogiosos sobre o humor simples e fácil das músicas do Magazine em conversas com seu amigo e parceiro Marcelo Nova.

Também houve momentos de pura tensão e desconforto. Um deles teve o protagonismo do baixista Lu Stopa. Na época com diagnóstico de epilepsia, Lu precisava tomar cuidados com a saúde, e remédios. Muitas vezes, porém, os medicamentos não faziam o efeito necessário em meio à rotina extenuante de viagens, shows e compromissos no rádio e na televisão. Houve diversos casos em que Lu foi acometido de ataque epiléptico antes de shows. "Ele às vezes ia pro palco baqueado depois de um ataque", relembra Kid.

Certa vez, nos camarins do Programa Barros de Alencar, os músicos do Magazine conversavam com o pessoal do Kid Abelha e dos Paralamas quando Lu sofreu um desses ataques.

"Estava todo mundo no camarim batendo papo, brincando, falando besteira, jogando conversa fora e tal. O Lu estava brincando com todo mundo, gesticulando, falando pra caralho e de repente caiu no chão tendo uma convulsão", relembra Kid. "Os caras das outras bandas acharam que ele estava brincando, porque ele estava num tom de brincadeira até aquele momento. Então eu expliquei que era sério, que ele tinha epilepsia, enquanto o Trinkão o ajudava", continua. "Quem sempre socorria o Lu era o Trinkão. Ele já sabia como agir e o ajudou na hora."

Alguns anos depois, felizmente, Lu Stopa melhorou e ficou livre dos remédios.

Quase santos na gandaia

O ambiente de shows, programas de televisão e estrada é amplamente favorável a todo tipo de farra. As loucuras de artistas como Cazuza, Nasi, Lobão e do pessoal do Ultraje a Rigor – para ficar apenas em alguns poucos exemplos – tornaram-se lendárias. É preciso lembrar que o Brasil passava por uma abertura depois de mais de duas décadas de ditadura e o clima que se espalhava pela sociedade era de libertação. Perto de bandas contemporâneas, porém, Kid Vinil e seus parceiros de Magazine eram quase santos.

Com exceção de algumas bebedeiras e um ou outro baseado, o quarteto frequentou o ensandecido cenário do rock brasileiro dos anos 1980 com bastante moderação até, mas nem por isso sem deixar suas marcas por aí.

Dos quatro integrantes da banda o mais alucinado era o baixista Lu Stopa, normalmente incentivado pelo baterista e amigo-da-onça Trinkão Watts. E o feito mais marcante de Lu durante as turnês foi criar um lendário personagem, na verdade um super-herói, que perambulava nu pelos corredores dos hotéis, surpreendendo os incautos e os inocentes: Lu era o Super-Erótico.

"Ele colocava a capinha vermelha e saía pelado pelos corredores do hotel. Era de repente. Do nada o Lu saía do quarto pelado, com uma blusa vermelha amarrada no pescoço, correndo pelado pelas escadarias e pelos corredores do hotel", recorda-se Kid.

Mas o Super-Erótico nem se compara ao dia em que Lu e Trinkão resolveram sacanear Claudinho, o empresário da banda, em Copacabana. Claudinho, na verdade, era vítima escaldada da dupla, mas a trolagem passou dos limites no dia em que Lu engraçou-se com uma garota enquanto passeava pelo Rio de Janeiro. Lu levou sua paquera para o hotel, mas ao invés de ir para seu quarto resolveu deitar-se com ela no quarto de Claudinho. O resultado foi uma bagunça e uma sujeira sem precedentes no quarto do empresário, que teve um chilique ao deparar-se com a cena.

Não bastasse isso, depois que o quarto foi limpo e arrumado, Lu e Trinkão desparafusaram a estrutura da cama do empresário. Obviamente eles sabiam que Claudinho tinha mania de chegar ao quarto e atirar-se na cama. Assim como também é óbvio que a cama desabou quando Claudinho chegou e atirou-se, mais tarde, naquela mesma noite.

Mesmo com o Super-Erótico e outras peripécias, a zoeira nunca chegou ao ponto de o Magazine ser posto para fora dos hotéis onde se hospedava, algo próximo do corriqueiro com artistas e personalidades daquela e de outras épocas.

Kid Vinil limitava-se a uma ou outra bebedeira, mas não se envolvia com drogas mais pesadas. Também evitava beber demais ao ponto de prejudicar sua performance no palco, principalmente depois de algumas vezes ter esquecido a letra.

Isso não evitou incidentes. "Kid certa vez resolveu achar que era Bob Marley e fumou uma tora apresentada por Sônia Abreu a bordo de um fusca 62 na Avenida Paulista", dedura Trinkão. "Já era tarde da noite. O negócio fez efeito e o camarada ficou tão louco que saiu do carro alucinado e foi parar na minha casa, que era na Bela Vista, perto de onde ele estava, pedindo socorro. Consegui acalmá-lo até passar o barato", recorda o baterista.

"A primeira e única baforada do Kid foi comigo. Quase morreu", resume a DJ Sônia Abreu.

Drogas mais pesadas também não faziam a cabeça de Kid. "Maconha eu experimentei, porque eu era moleque, mas também nunca gostei. Nunca tive experiência com ácido nem com cocaína", assegura Kid.

Kid Vinil, o Coroa

Kid Vinil encontrou dificuldade para conciliar suas rotinas caseiras discretas logo depois que o Magazine estourou. Com tanta exposição na televisão e no rádio, isso já era de se esperar. Durante as entrevistas para este livro, já beirando os 60 anos, por exemplo, Kid cultivava hábitos como comprar alimentos na feira de rua mais próxima de sua casa e sair com seu cachorro, Cosmo (homenagem explícita a Kosmo Vinyl) para passear. Mesmo no auge da fama, Kid continuou a ir à feira livre, mas não sem que isso gerasse situações inusitadas. "A partir do momento que você tem uma imagem pública, as coisas mudam", constata Kid. "Cada um vê você de uma maneira. Tinha gente que já se achava íntima", relata. Outras, no entanto...

"Sou Boy" estava no topo das paradas de sucesso e Kid, num raro domingo de folga, resolveu ir a uma feira perto da casa onde Trinkão morava na época, no bairro paulistano da Bela Vista. A banda já participava dos principais programas de auditório da época. Seus integrantes, portanto, eram facilmente reconhecidos aonde quer que fossem. Mal chegaram à feira, Kid e Trinkão foram reconhecidos. "Olha, o cara do 'Sou Boy'" rapidamente tomou o lugar de "ó a laranxa, laranxa, laranxa" como frase mais ouvida na feira.

Tudo ia bem, um autógrafo aqui, uma dúzia de tomates acolá, até que um feirante começou a hostilizar Kid Vinil.

"Esse cara vem com essa de 'Sou Boy' e é um velho de 60 anos de idade", exagerou o feirante.

Kid, então com apenas 28 anos de idade, começou a se irritar e queria bater boca com o feirante, um senhor, mas Trinkão o acalmou antes que a provocação terminasse em briga.

Nessa mesma época, a fofoqueira paulistana Sonia Abrão publicou gafe similar ao deixar de checar a idade de Kid. "Ela meteu numa revista que eu era um quarentão e não sei mais o quê, estampou uma foto minha que eu estava de paletó e tal e escreveu algo do tipo 'Kid Vinil, quarentão, fez sucesso depois de velho'", relembra com indignação. "Eu realmente aparentava ser mais velho, mas tinha só 28 anos."

Mas a pior ainda estava por vir. O Magazine foi fazer um show em Paranaguá, no litoral paranaense, quando um delegado foi apresentar a banda e soltou: "Agora, com vocês, a banda do coroa, do quarentão, Kid Vinil".

Kid não se conteve. "Xinguei o cara na hora. Coroa é a... O pior é que eu fui quase preso porque o cara era o delegado da cidade, né", relembra. "Pulei pra todo lado durante o show e ainda falei no microfone: 'fala pra esse velho idiota que me chamou de quarentão, manda ele vir aqui fazer tudo que eu tô fazendo'. Xinguei o cara de tudo que eu podia xingar", conta.

"Hoje eu sou um coroa, tudo bem. Se ele me chamasse de coroa hoje, beleza, mas com 28 anos de idade você ser chamado de coroa era foda. E muitos compraram essa ideia porque na revista falou que eu era um quarentão", continua. "Depois me acostumei com provocações. O melhor é não bater boca."

São os males da superexposição na mídia.

KID VINIL

A rixa entre paulistas e cariocas

Paulistas e cariocas adoram falar mal uns dos outros.

A rixa entre São Paulo e Rio de Janeiro persiste inexplicavelmente neste início de século XXI, mas não passa nem perto de uma sombra do que já foi um dia. No início dos anos 1980, essa intolerância mútua e recíproca era forte ao ponto de o Magazine ser hostilizado pelo público em seu primeiro show no Rio de Janeiro ou de o Barão Vermelho encontrar bastante resistência para entrar em São Paulo, especialmente por parte da crítica.

Quando o Magazine tocou pela primeira vez no Noites Cariocas, por exemplo, o público chegou a atirar pedras no palco, supostamente porque as pessoas não estavam a fim de ouvir bandas paulistas. "Acho que o sotaque incomodava, principalmente o meu que é superpaulistano", especula Kid.

A banda foi salva das pedradas por Herbert Vianna, que na mesma época começava a fazer sucesso com Os Paralamas do Sucesso.

"Na hora que o público começou a atirar coisas no palco o Herbert entrou, pegou o microfone e deu uma puta dura nos caras", recorda-se Kid.

"Ó, é o seguinte, galera: eles não vão continuar o show se vocês começarem atirar coisas e não respeitarem as bandas de São Paulo. Os paulistas respeitam a gente quando a gente vai tocar lá. Vocês vão ter que respeitar, vão ter que engolir os caras", disparou Herbert Vianna, segundo o relato de Kid Vinil.

O público então se acalmou e o Magazine continuou seu show sem mais incidentes.

Segundo Kid, essa rixa era mais perceptível em relação ao público. O próprio caso do Barão Vermelho, apesar de não ter sido bem recebido pela crítica em São Paulo quando começou a aparecer para o Brasil, já podia ser considerado um caso isolado na época.

A implicância com o Barão, na avaliação de Kid, foi influenciada mais pela gravadora que lançou a banda, no caso a Som Livre, do que pelo fato de sua origem carioca. "A Som Livre era usada mais para lançar trilha de novela, então a turma ficava meio desconfiada quando alguma coisa saía pela Som Livre", afirma.

Aos poucos, porém, o Barão Vermelho cavou seu espaço na marra e alcançou projeção não apenas em São Paulo, mas no Brasil inteiro. Mas isso fica para quem for contar essa história.

Dificuldades de agenda

O sucesso era uma realidade na vida de Kid Vinil nos idos de 1983. O Magazine saiu do anonimato e começou a fazer show atrás de show a partir do lançamento do LP. A agenda de shows e as aparições em programas de rádio e televisão não tardariam a ganhar prioridade nos interesses dos integrantes do Magazine. Ainda assim, Kid Vinil tentava conciliar a atividade da banda com o trabalho na gravadora Continental e os programas de rádio – e ainda conseguia arrumar tempo para fazer o que mais gostava: ouvir novos sons.

O primeiro problema de Kid Vinil foi com a diretora do departamento pessoal da Continental. Apesar de ele não atuar mais na área de recursos humanos, ela tentava controlar os horários de seu ex-subordinado. "Ela não me aceitava, visualmente falando, e vivia no pé, apesar de eu estar trabalhando com o Vítor Martins, já na época na editora. Ela vivia controlando meus horários e eu frequentemente viajava, chegava tarde ou não ia. Nessa época já tinha o Murilo, um outro cara que trabalhava comigo e segurava as pontas ali. Mas às vezes para uma decisão financeira, alguma coisa mais pesada, eu que tinha que falar com os caras, eu que tinha abertura com o financeiro da gravadora, então eu tinha que estar presente", relembra Kid.

Kid conseguiu de algum modo conciliar a banda com o trabalho na gravadora por cerca de dois anos, até o fim de 1984. Foi quando houve uma dança nas cadeiras na diretoria da gravadora. Vítor Martins saiu da Continental e mudou-se para o Rio para trabalhar mais de perto com seu histórico parceiro Ivan Lins. "Foi quando o Wilson Gordo entrou na diretoria da gravadora. Um dia ele chegou em mim e falou: 'olha, não dá mais porque você vem duas vezes por semana, tem que tomar uma série de decisões e o Murilo é que está absorvendo tudo isso'", relata Kid.

"Então o Murilo acabou absorvendo a diretoria da editora e eu saí. Não deu pra conciliar. Eu viajava direto, às vezes uma semana inteira", explica.

A saída da Continental teve efeito mais sentimental do que financeiro. Apesar de Kid gostar do trabalho que realizava na gravadora, os shows com o Magazine já rendiam mais do que ele ganhava ali.

Tic-tic Nervoso, e polêmico

A carreira musical de Kid Vinil confunde-se com a irreverência e o bom-humor das letras do Magazine, influenciadas principalmente pela proximidade dos integrantes com o Joelho de Porco, grupo paulistano de rock lendário pela irreverência e pelo duplo sentido de suas letras.

Com o passar dos anos, tanto em carreira solo quanto nas bandas que integrou, o problema de Kid Vinil foi quase sempre o mesmo: a ausência de um letrista bom e consistente. Mas, por maior que fosse a experiência de Kid na antecipação de tendências e nos meandros de uma grande gravadora, não foi sempre que ele conseguiu farejar o sucesso, mesmo debaixo do próprio nariz e sob pressão da gravadora por um novo hit.

Certo dia, no início de 1984, quando ainda trabalhava na editora da gravadora Continental, os compositores Antonio Luiz e Marcos Serra procuraram Kid para mostrar a ele uma fita com uma canção escrita por eles. Segundo a dupla, a música tinha tudo a ver com o Magazine. Kid, que não conhecia a dupla, ficou de ouvir.

Encerrado o expediente, Kid chamou algumas pessoas que trabalhavam com ele na editora para ouvirem juntos. Depois de ouvir música gravada em voz e violão, Kid tirou a fita do gravador e a atirou na lata do lixo, para espanto dos funcionários da Continental que a ouviam com ele: tratava-se de "Tic-tic Nervoso".

O fato de Kid ter jogado a fita no lixo deixou horrorizados Cássio, Murilo e Viviane, as pessoas que ouviram a música junto com ele. "Sou Boy" ainda fazia muito sucesso, mas a banda já estava sob pressão para apresentar um novo hit à altura e tinha contra si a deficiência em termos de letras bacanas.

"Eu já estava meio de saco cheio daquele tipo de coisa. Tinha a ideia fixa de transformar o Magazine numa banda tipo o Ramones", confidencia Kid para explicar o motivo pelo qual repudiou em primeira instância a música de Antonio Luiz e Marcos Serra.

No dia seguinte, Lu e Trinkão passaram na gravadora e receberam a dica de uma das pessoas que tinha ouvido a música junto com Kid: "Ó, pega aquela fita que o Kid jogou na lata do lixo e dá uma ouvida".

Baixista e baterista ouviram a fita, gostaram da música e a partir de então passaram a infernizar Kid com o pegajoso refrão: "Isso me dá tic-tic nervoso, tic-tic nervoso, tic-tic nervoso".

Lu Stopa e Trinkão Watts sabem ser persistentes quando querem. Kid questionou onde eles tinham ouvido a música e os dois disseram que tinham recolhido a fita na lata do lixo.

"Vou aguentar vocês me enchendo o saco, mas não vou gravar essa música", assegurou Kid na ocasião.

Passados alguns dias, Antonio Luiz telefonou para Kid para saber se a música despertara interesse. Ouviu de Kid que ele não tinha gostado de "Tic-tic Nervoso" e não a iria gravar. Informou então a Kid que Tuclei, que tocara com Lu e Trinkão no Ponto e Vírgula e agora integrava a banda Spray, iria gravar a música pela gravadora Copacabana.

Entrou em ação então o imponderável.

Era um domingo à noite e, depois de uma semana exaustiva de trabalho, Kid deitou-se com a televisão ligada no SBT. Silvio Santos apresentava o programa "Qual é a Música?". Kid então adormeceu e sonhou que estava no programa "Qual é a Música?" com o arranjo de "Tic-tic Nervoso" todo na cabeça. Lu e Trinkão definitivamente conseguiram inserir a música no subconsciente de Kid.

"Acordei apavorado. Nunca tinha me acontecido uma coisa daquela", conta Kid. "Liguei na hora pro Ted. Disse que tinha tido um insight. A música que eu detestei apareceu pronta na minha cabeça, com arranjo e tudo."

Kid então pegou o carro, foi buscar a fita com Lu e Trinkão e dirigiu-se à casa de Ted Gaz. Kid explicou ao guitarrista como tinha imaginado a música, ele fez o arranjo, a banda rapidamente gravou uma demo e ligou para o produtor Liminha no Rio de Janeiro, pois Pena Schmidt estava em Londres na ocasião. "A gente precisava entrar em estúdio rápido porque a versão do Spray estava quase pronta", explica.

A banda então viajou para o Rio e gravou com Liminha. Tudo no impulso. A mixagem ficou a cargo de Pena Schmidt, realizada logo depois do retorno do produtor ao Brasil. O resultado, segundo Kid, ficou exatamente igual ao que ele tinha sonhado. "Se eu tivesse quatro insights iguais a esse na vida, estaria milionário", brinca.

Tempos depois, para deixar o sonho ainda mais completo, o Magazine ainda tocaria "Tic-tic Nervoso" no Programa Silvio Santos.

Acontece que a história ainda estava longe do fim. A princípio, Kid Vinil havia rejeitado a música a ele oferecida pelos compositores Antonio Luiz e Marcos Serra, que haviam autorizado o Spray a gravá-la. Kid então comunicou a Antonio Luiz a intenção do Magazine de lançar a música. Os compositores autorizaram e a Warner começou a trabalhar a música, lançada em compacto simples em 1984, junto com "Atentado ao Pudor". A capa era de autoria de ninguém menos que o chargista Angeli.

A Warner e a Copacabana enviaram para as rádios os compactos de seus respectivos artistas com suas versões para a mesma música quase simultaneamente. Mas, além de a Warner ter mais bala na agulha que a Copacabana, a versão do Spray para "Tic-tic Nervoso" teve um resultado mais fraco na comparação com a do Magazine.

"A Copacabana não dispunha dos mesmos recursos da Warner. Nós gravamos com o Liminha no estúdio 'Nas Nuvens', com todo o aparato de um grande estúdio", compara Kid. "Os dois compactos chegaram praticamente juntos na Jovem Pan, por exemplo. Lá o Tutinha (dono da rádio) ouviu e decidiu executar a do Magazine", relata Kid.

Outras emissoras, no entanto, passaram a tentar fomentar um clima de rivalidade entre o Magazine e o Spray. Mas a direção da Warner então orientou os divulgadores da gravadora, que segundo Kid estavam agindo com algum corpo-mole, a entrarem de sola com um maior esforço de divulgação para que prevalecesse a versão do Magazine.

Apesar de ter por trás uma gravadora menor, disputar a cena com uma banda na crista da onda como o Magazine não era exatamente um mau negócio. A mídia inicialmente embarcou numa onda sensacionalista, chegando até mesmo a publicar acusações de um suposto "roubo" da música pelo Magazine. Acontece que tanto o Spray quanto o Magazine foram autorizados pelos autores de "Tic-tic Nervoso" a gravarem a música, o que pôs por terra a polêmica em relação a "roubo".

A polêmica começou a se dissolver quando o Magazine passou a se recusar a aparecer em programas de televisão junto com o Spray. "Uma vez a gente foi fazer o programa da Hebe quando ela estava na Bandeirantes. Estavam lá Spray e Magazine", relembra Kid. "Eu cheguei pro divulgador e falei para ele pedir pra produção decidir se queria Spray ou Magazine. Os dois, não", explica.

O divulgador então expôs a condição de Kid Vinil. "O Magazine não quer as duas bandas tocando a mesma música só pra criar polêmica. O negócio não é criar polêmica", teria argumentado o divulgador da Warner.

A partir do momento em que a exigência passou a prevalecer, pesaram o tacão da gravadora e a lógica do mercado de mídia. As emissoras de rádio e televisão passaram a dar preferência ao Magazine, mais conhecido que o Spray e indutor de mais audiência.

Tuclei, com quem Lu e Trinkão haviam tocado no Ponto e Vírgula, e seus companheiros no Spray ficaram chateados com o que viam como uma espécie de "atravessada".

"Hoje eu e o Tuclei somos amigos", afirma Kid. "Mas na época ele ficou superchateado."

A explosão da música coincidiu com a disseminação das megadiscotecas pela capital paulista no início da década de 1980. O sucesso de "Tic-tic Nervoso" foi tamanho que até inspirou o nome de uma danceteria em São Paulo. O Magazine tocava com frequência em casas como o Pauliceia Desvairada, o Hong Kong, o Lira Paulistana, o Radar Tan-tan e o Rose Bom Bom. O sucesso da música acabou por dar origem à Tic Tic.

Assim como aconteceu com "Sou Boy", o compacto de "Tic-tic Nervoso" vendeu 75 mil cópias, segundo a prestação de contas da Warner.

Comeu?

"Sou Boy" e "Tic-tic Nervoso" eram sucessos retumbantes. As duas músicas tocavam em tudo quanto era rádio e o Magazine fazia aparições constantes em programas de auditório da época, do Cassino do Chacrinha ao Silvio Santos, passando por Raul Gil, Hebe Camargo e o que mais houvesse na televisão. Os compactos vendiam bem, assim como o LP, único previsto no contrato com a Warner. A agenda do Magazine continuava tão movimentada que Kid Vinil, Trinkão Watts, Lu Stopa e Ted Gaz praticamente nem tiveram tempo para prestar atenção à primeira edição do Rock In Rio, em janeiro de 1985. Pela primeira vez na história, astros de primeira grandeza do mundo do rock tocariam em um festival no Brasil. Mas o Magazine não estaria presente – nem no palco nem na plateia. "A gente estava tão deslumbrado com o sucesso repentino, viajando o Brasil inteiro, que nem nos demos conta do Rock In Rio. Não assistimos nenhum show. Viajamos a semana inteira", conta Kid.

Mesmo assim, a banda continuava precisando de boas músicas para se manter nas paradas. Em 1985 sairia o compacto de "Glub Glub no Clube", que tinha no lado B a música "Sapatos Azuis" e produção de Pena Schmidt. O êxito do compacto não chegou nem perto dos dois primeiros. O Magazine encontrava-se naquele momento, uma vez mais, diante de sua maior dificuldade: a falta de um bom letrista entre seus integrantes. Kid Vinil, ao mesmo tempo em que se destacava como intérprete, via seus textos sobre música publicados nos dois maiores jornais de São Paulo e mantinha seu programa de rádio. Mas essa facilidade para a escrita e o improviso oral não se convertia em boas letras para uso pela banda.

"Eu sei escrever um texto legal, mas não consigo pensar em poesia. Acho que um dos grandes erros meus é não gostar de poesia. Até tentei, li Fernando Pessoa, li um monte de coisa, mas nunca fui um amante da poesia", admite Kid. "É engraçado isso, sabe. Eu gosto das letras dos Beatles, por exemplo, mas gostar de uma letra não significa gostar de poesia. Eu sempre gostei muito mais de texto corrido do que de poesia. Eu detestava métrica. E acho que o cara que escreve tem que ter um gosto por isso", explica. "Eu sempre gostei de escrever de uma maneira livre. Meu texto sempre foi livre, nunca foi um texto pré-elaborado. O rádio, por exemplo, eu sempre fiz no improviso", revela Kid. "Ao mesmo tempo, o Ted era um grande músico, tinha ideias geniais de arranjo mas também não escrevia", avalia.

Houve ainda uma tentativa de cooptar Luiz Otávio, da banda Luiz Otávio & os Quatro Olhos. Na avaliação de Kid, Luiz era um ótimo letrista. "Nós gravamos dele [a faixa] 'Atentado ao Pudor', mas ele tinha outras músicas fantásticas. A gente até tentou agregá-lo, mas ele queria ter a carreira dele", explica Kid sobre o insucesso.

Eis que o imponderável, uma vez mais, entrou no caminho do Magazine para manter a banda na crista da onda por mais um tempo. Era uma sexta-feira de 1985 e o Magazine estava em Santarém para um show na cidade paraense. A banda recebeu então um telefonema do empresário, que, sem aviso prévio, precisava deles no Rio de Janeiro, distante quase 2.600 quilômetros em linha reta, já no dia seguinte. O motivo era um telefonema da direção da Rede Globo para a Warner. A emissora queria uma regravação da música "Comeu", de Caetano Veloso, para usar na abertura da telenovela "A Gata Comeu". Um detalhe justificava a urgência: o primeiro capítulo da novela iria ao ar na segunda-feira.

"Comeu" era então uma música recente e ninguém na banda a conhecia direito. Fazia parte do disco *Velô*, lançado por Caetano em 1984. Ainda em Santarém, às margens do Rio Tapajós, o pessoal do Magazine arrumou o LP, Ted Gaz escutou e no próprio quarto do hotel pôs-se a trabalhar em um arranjo para a música, gravada originalmente apenas em voz e violão. A banda embarcou então em voo para São Paulo e seguiu para a casa de Ted, onde uma demo foi gravada a toque de caixa. Logo depois, ponte aérea rumo ao Rio de Janeiro.

Não havia tempo para pensar muito – e nem para errar. O arranjo de Ted era ousado, uma verdadeira releitura da original. O palco da gravação, mais uma vez, foi o estúdio "Nas Nuvens". Quando a banda chegou ao estúdio, o produtor Liminha já tinha deixado programada uma bateria eletrônica. Lu e Liminha rapidamente gravaram os baixos, Ted colocou as guitarras e então foi a vez de Kid gravar a voz, já no domingo. Liminha também chamou ao estúdio o saxofonista Zé Luís para participar da gravação.

A mixagem ficou pronta ainda no domingo e na segunda pela manhã a fita já estava na Globo para uso na novela, que estrearia dali a algumas horas.

"Ainda bem que eles gostaram, porque se não gostassem ia ser uma merda: a gente ia ter que trabalhar a segunda-feira inteira pra música ficar boa e a novela entrar no ar direito", comemora Kid. "Já estava definido que seria a nossa música. E isso foi interessante porque na época eles costumavam pedir pra várias bandas fazerem, mas nesse caso pediram só pra gente."

Apesar de a música ter sido pensada e gravada a toque de caixa, até mesmo Caetano gostou do resultado. "Na única vez que conversei com o Caetano ele elogiou a música, achou legal que a gente mudou totalmente o arranjo", afirma Kid.

Ajudando Ira! e Ultraje a Rigor

Você já ouviu falar em Ultraje a Rigor? E num tal de Ira!? E gostou? Se sua resposta for "sim", e é provável que seja, então agradeça a Kid Vinil. Mesmo com o sucesso do Magazine, o Programa Kid Vinil continuava nas ondas do rádio. Depois de dois anos na Excelsior FM, Kid passou para a Rádio Antena 1, também de São Paulo. E continuou levando a seu público não apenas as novas tendências internacionais, mas também as novas e boas bandas que pipocavam na cena rock brasileira e estavam prestes a fazer história.

Ultraje a Rigor e Ira! são dois importantes exemplos das bandas tocadas por Kid em primeira mão no rádio. Não apenas o público, mas também pessoas de outras rádios ficavam atentas ao programa de Kid para não ficarem para trás em relação a novas tendências.

Kid tocou o compacto de "Inútil" assim que o disco chegou a suas mãos. Mas não tinha só essa de ir com disquinho. Se chegasse com fita, Kid também punha no ar. A versão de "Pobre Paulista", do Ira!, que ele colocou no ar era de uma fita demo da banda paulistana.

Citamos primeiro Ultraje a Rigor e Ira! por se tratarem de algumas das bandas brasileiras mais famosas lançadas por Kid ao longo de mais de três décadas como comunicador, mas a lista é longa, bem longa, e contém lendas do rock e do punk tupiniquim como Inocentes, Cólera e Olho Seco, entre outros.

De todas, Kid considera mais marcantes o fato de ter lançado Inocentes e Cólera. "Faziam parte de uma época e era uma coisa completamente nova naquele momento, principalmente o Cólera. As letras eram muito do dia-a-dia, da vida dos caras e da pobreza mesmo que eles enfrentavam, da situação difícil, então o Cólera pra mim foi muito marcante", afirma.

Quase-acidente aéreo

O Magazine teve uma ascensão meteórica e uma existência curta, mas tocou em todos os Estados do Brasil à época. Ao mesmo tempo em que as frequentes viagens ajudaram a projetar a fama alcançada pela banda, colocaram seus integrantes em situações não apenas inusitadas, mas de claro risco à integridade física e à vida de cada um deles.

Lá pelo meio de 1985, a banda foi fazer uma apresentação em Cacoal, interior de Rondônia, na divisa com o Mato Grosso. A história já não começou bem quando o guitarrista Ted Gaz adoeceu. Para poder cumprir a agenda, o Magazine convidou André Christovam, então guitarrista do Fickle Pickle.

A banda desceu de avião em Porto Velho e seguiu por terra os 479 quilômetros que separam a capital rondoniense da chamada "capital do café". Lá pelo meio do caminho o carro quebrou. "Não tinha uma viva alma ali. A gente estava no meio dos mosquitos e de tudo que é bicho da selva", relembra Kid. "A gente lá desesperado pra conseguir um guincho que vinha da cidade mais próxima, a uns 80 quilômetros. Foi um absurdo de tempo até a gente conseguir um outro carro e chegar a Cacoal", prossegue.

A famosa "Lei de Murphy", porém, é implacável: "Se alguma coisa puder dar errado, dará; e mais: dará errado da pior maneira, no pior momento e de modo a causar o pior dano possível".

Chegando ao local do show, um pequeno ginásio em Cacoal, os integrantes do Magazine depararam-se com a ausência total de estrutura. "Tinha só o esqueleto de uma bateria e nada mais. A gente perguntou onde estava o P. A. e os caras disseram que ninguém tinha pedido", conta Kid.

O único equipamento levado pela banda, além dos instrumentos, era um pequeno amplificador Fender que o guitarrista convidado, André Christovam, levava aonde quer que fosse tocar. A solução foi ligar guitarra, baixo e voz no pequeno amplificador de André. E quem toca sabe como a maior parte dos guitarristas é mala em relação a seus equipamentos. Daí é possível imaginar o quanto ele aceitou contrariado a solução da banda que o contratara.

"Imagina uma guitarra, um baixo e um microfone ligados em um só amplificador em um ginásio com três mil pessoas dentro. É claro que ninguém ouviu nada", constata Kid. "Teria sido mais fácil se fosse um playback. Foi pra lá de punk aquilo ali."

Mas você se lembra da "Lei de Murphy"? Pois é. Dava pra piorar – e piorou muito.

De carro, a banda voltou de Cacoal para Porto Velho, onde embarcaria para Cuiabá e depois pegaria outro voo de volta a São Paulo. Acontece que a aeronave, um Bandeirante que naquela noite de domingo cobriria o trecho entre Cuiabá e Porto Velho, incendiou-se e explodiu durante uma tentativa de pouso de emergência no Mato Grosso antes de seguir para Porto Velho, onde buscaria a intrépida trupe magaziniana. Dezessete pessoas morreram na tragédia ocorrida em 23 de junho de 1985.

"A gente estava no aeroporto esperando o avião quando deu no Fantástico a notícia da queda de um Bandeirante na selva. Era o avião que ia nos buscar", lembra Kid.

Diante da tragédia, a banda embarcou num ônibus em Porto Velho – lotado ao ponto de Lu ter viajado deitado no corredor – para pegar na manhã seguinte o voo em Cuiabá, a quase 1.500 quilômetros de distância, e poder voltar para casa.

Estressado, Kid deixa o Magazine

Mais de dois anos ininterruptos na estrada, na verdade quase três, estressam qualquer banda, por mais tranquilos que sejam os integrantes. O convívio, as viagens, os shows e as gravações acabam em algum momento sequestrados pelas divergências naturais a qualquer tipo de relacionamento.

As frequentes viagens estressavam principalmente Kid Vinil, que por um bom tempo conciliou a banda com o trabalho na gravadora Continental e durante todo o tempo manteve seu programa de rádio. Depois de sair da rádio Nova Excelsior, Kid levou seu programa para a Antena 1 e em 1985 foi parar na 89FM, lançada naquele ano em São Paulo com a pretensão de se dedicar exclusivamente ao rock. E nas poucas horas vagas, Kid ainda arrumava tempo para escrever artigos para os cadernos de cultura dos jornais O Estado de S. Paulo e Folha de S. Paulo e ficar em casa ouvindo música – de longe sua atividade favorita.

Além do excesso de trabalho, Kid tinha medo de viajar de avião, mais especificamente de embarcar nas aeronaves de pequeno porte que vira e mexe eram colocadas à disposição do Magazine para os deslocamentos a rincões distantes do Brasil. Em poucos meses, a banda tinha tocado em todos os Estados do País. Até mesmo a Serra Pelada, outrora o maior garimpo a céu aberto do mundo, o Magazine levou sua música. "Só não tocamos em Fernando de Noronha", à época um território ultramarino, detalha Kid.

Em meio a tudo isso, a rotina de shows tornara-se repetitiva e Kid Vinil sentia falta das coisas simples da vida cotidiana. Queria um tempo para dedicar-se mais a seus interesses pessoais e profissionais paralelos à banda.

"Eu adorava fazer rádio. Naquele momento eu gostava mais do meu programa do que necessariamente estar no palco", avalia Kid. "Claro que o sucesso é legal, mas eu queria variar um pouco. Não queria ficar na mesma tecla o tempo todo."

O fato é que lá estava o sucesso cobrando a conta do Magazine. O contrato original com a Warner previa apenas um LP, mas o sucesso levou a banda a discutir um segundo disco. E o rompimento ocorreu justamente quando os integrantes do Magazine começavam a discutir o que fariam no segundo LP.

"Eu tinha visto o Toy Dolls na época e comecei a trabalhar numa versão de 'Nelly the Elephant', que o Magazine até gravou pela Continental, mas já sem mim", recorda-se.

Heróis do Brasil

O cansaço e o impasse em relação aos rumos do Magazine levaram Kid Vinil a deixar o grupo em 1986. A preocupação do vocalista com os passos seguintes da banda não eram apenas sonoros. As letras engraçadas e descompromissadas eram uma das principais marcas da música pop no Brasil no início da década de 1980 e o Magazine era um dos grandes expoentes deste período. "Além do cansaço, eu atravessava uma fase pouco criativa e não sabia em que direção atirar musicalmente. A gravadora cobrava um novo sucesso e esse era o meu dilema", relembra Kid.

Kid já vinha cogitando então a possibilidade de fazer outro estilo de música e cantar outro tipo de letra, apesar da inaptidão para compor. Era uma vontade quase fora de controle de mostrar algum outro valor que calasse os críticos, muitos deles famosos por desqualificar com ligeireza tudo aquilo que os desagrada.

"Eu não compunha e descartava outros compositores bem-humorados, pois não queria voltar pro 'besteirol' que alguns críticos consideravam que me consagrou", explica. "Ao mesmo tempo, os meus fãs de programas de rádio e seguidores cobravam uma postura mais, digamos, inteligente em relação à musica que eu fazia. Eu mesmo me sentia confuso naquele momento e queria mudar", relata.

Foi quando entrou no caminho de Kid o guitarrista André Christovam, naquele momento ainda um aspirante a grande nome do blues brasileiro que viria a se tornar.

André transformou-se numa espécie de segundo guitarrista do Magazine nos meses finais da estada de Kid no grupo. O guitarrista Ted Gaz, em algumas ocasiões, não podia tocar em shows ou viajar com a banda. Para cobrir a ausência de Ted, André passou a ser chamado para cuidar das seis cordas. Em meio aos shows, Kid e André perceberam afinidades musicais com potencial para levá-los a caminhos diferentes daqueles do Magazine. Para melhorar, André escrevia boas letras, bem-humoradas e repletas de ironia, mas sem cair no besteirol. "O André começou a enfiar na minha cabeça de fazer uma banda comigo, com uma proposta diferente, e eu comprei a ideia", relata Kid. "Tá certo que o André não tinha a mesma veia comercial que o Magazine, mas de certa forma era uma nova etapa pra mim, interessante também."

E enquanto o Magazine ia atrás de um novo vocalista para cumprir os compromissos já assumidos, Kid nem bem saiu e já formou uma nova banda, Heróis do Brasil, em companhia de André Christovam na guitarra. Os músicos eram de primeira linha. O primeiro baterista foi o lendário Paulo Zinner, mas ele estava com a cabeça mais voltada para o Golpe de Estado e logo acabou substituído por Kuki. O baixo era tocado por Nilton Leonarde enquanto Ari Holland cuidava dos teclados.

"A gente tocava com a veemência que o Verminose tinha, mas com mais competência musical", relembra André Christovam sem falsa modéstia.

Com músicas e letras prontas, a maior parte assinada por André Christovam, o Heróis do Brasil se pôs a ensaiar e não tardou a entrar em estúdio e fazer shows. Os arranjos eram bem mais rebuscados se comparados com os do Magazine e as letras continuavam bem-humoradas, mas dotadas de um humor mais sofisticado. Ao mesmo tempo em que o Heróis do Brasil era formado por músicos de altíssimo nível, a grande exposição de Kid Vinil na mídia nos anos anteriores era vista como um trunfo pela banda.

Não faltariam, entretanto, erros na breve caminhada do Heróis do Brasil. Para começar, até pela proximidade cronológica, era praticamente impossível dissociar a nova banda da imagem de Kid Vinil à frente do Magazine, que teve projeção nacional e grande exposição midiática. "Isso é bom por um lado, pois eu fiquei conhecido, mas por outro não é bom porque sou eternamente cobrado por isso", avalia. Apesar de não haver nenhuma semelhança musical entre os dois trabalhos, o próprio nome da banda já era uma alusão explícita a uma das músicas do Magazine, "O Herói do Brasil".

"O que ainda estava no inconsciente das pessoas era o Magazine. E ninguém concebia o fato de eu querer mudar ou querer fazer uma coisa mais séria, crescer, amadurecer", observa Kid. "É como se eu não pudesse fazer outra coisa além daquilo."

Outro episódio a pesar contra o Heróis do Brasil foi um tiro pela culatra atribuído a André Christovam quando a banda estava prestes a assinar contrato com a Warner e ter o disco produzido por Liminha.

"O André sempre soube armar as coisas e tal, só que nesse caso ele deu um tiro que saiu pela culatra", relembra Kid. "Ia ter um show do Buddy Guy no Maksoud Plaza e o André conhecia o empresário do Buddy Guy. Ele então armou uma canja com o Buddy Guy e chamou um pessoal da Warner pra assistir. A intenção era ele ser visto pelo pessoal da gravadora tocando com o Buddy Guy. Não sei exatamente que merda que deu, se o Buddy Guy estava indisposto ou o que foi, mas na última hora o empresário chegou pro André – que estava sentado lá com a guitarra aguardando – e falou que o Buddy Guy não queria que desse canja com ele naquela noite. Aí a casa caiu porque o pessoal da Warner foi ver o André tocar. Então o contrato com a Warner, que já estava encaminhado, dançou, e a produção do Liminha também", lamenta Kid.

Gravado no estúdio da Som Livre e intitulado *Kid Vinil & os Heróis do Brasil*, o disco viria a sair ainda em 1986 pela 3M, uma pequena gravadora independente, e foi produzido por Roberto de Carvalho, de quem André Christovam era amigo. Kid acredita que a 3M envolveu-se no lançamento, em parte, por uma crise de consciência de Moacir Machado, o mesmo que não quis lançar o compacto de "Sou Boy" pela Continental. "Ele era diretor artístico da 3M na época e eu fui lá na maior cara-de-pau e lembrei a ele sobre o caso do Magazine. Ele topou fazer na hora". Mas a gravadora era nova e detinha uma pequena fatia do mercado nacional de discos. Em tempos pré-internet, o guarda-chuva de uma grande gravadora era tudo o que uma banda mais queria.

Alguns dias depois da assinatura do contrato com a 3M, a Warner voltou a entrar em contato com Kid Vinil, mas não foi por causa do trabalho do Heróis do Brasil. O então presidente da Warner na América do Sul, André Midani, chamou Kid para uma reunião em um hotel de São Paulo. A proposta era tentadora: Midani queria que Kid comandasse o departamento internacional da gravadora. Se aceitasse o convite, no entanto, Kid teria de mudar-se para o Rio de Janeiro, o que dificultaria muito o cumprimento dos compromissos assumidos com o Heróis do Brasil e a 3M.

"Isso mexeu muito com a minha cabeça, pois seria minha oportunidade de ouro na carreira. Na época eu sonhava em comandar o departamento internacional de uma gravadora, mas tinha um compromisso com o Heróis do Brasil naquele momento", explica Kid. "Tínhamos acabado de assinar com a gravadora 3M e já estávamos agendados para iniciar as gravações do disco. Além disso, uma das condições da Warner era que eu mudasse pro Rio de Janeiro. É uma cidade maravilhosa, mas nunca tive vontade de mudar pra lá. Adoro São Paulo e jamais me mudaria daqui. Mesmo assim balancei com a proposta e me arrependi muito por não ter aceitado."

Enquanto isso, a banda continuou a acumular erros. Logo no primeiro show, ainda com Paulo Zinner na bateria, a banda se viu em uma situação complicada. "A gente quis se envolver com outro público, que era um público mais alternativo. Eu lembro que o primeiro show que a gente fez foi com o Paulão na bateria, num festival de bandas alternativas da Baratos Afins. A gente não tinha gravado ainda. Estavam lá o Maria Angélica, as bandas da Baratos Afins e era um público alternativo que não gostava de mim", acredita. "Já não gostavam por causa do Magazine e estavam com um pé atrás porque eu ia entrar com uma banda que eles nem sabiam o que que era", relembra. O resultado foi traumático. "Nós encerramos esse festival embaixo de vaia. O Paulão nesse dia inventou de fazer um solo de bateria. E se tem uma coisa que ninguém gostava naquela época era um solo de bateria *a la* 'Moby Dick'. Aquilo irritou todo mundo", conta Kid.

A crítica, por sua vez, foi implacável. "A crítica foi pra cima de mim. Eles (os críticos) já não gostavam do Magazine. Quando apareceu o Heróis do Brasil, os caras detonaram o Heróis também", recorda Kid. "Eu lembro que a revista Bizz acabou com o disco. O cara começou dizendo: 'eu já não gostava do Magazine e não gostei do Heróis do Brasil'."

Só que as dificuldades não pararam na recepção ruim por parte da crítica. O nome da banda também acabou ocasionalmente entrando em conflito com o do Heróis da Resistência, banda carioca liderada por Leoni que, além de fazer sucesso, encontrava-se sob o guarda-chuva de uma major. Já o Heróis do Brasil saía por uma gravadora de pequeno porte. "Só ficamos sabendo do Heróis da Resistência depois que o disco já estava gravado. Aí já era tarde", diz Kid.

Além disso, a nova banda tinha dificuldade para marcar shows, especialmente por apresentar uma proposta diferente em relação a outros casos de sucesso contemporâneos. "A gente não conseguia fazer show, pois não era uma proposta tão comercial quanto o Magazine. Apesar de ser pop, não tinha o mesmo apelo. As músicas eram superproduzidas, mas também sem uma sonoridade talvez que agradasse em termos radiofônicos", prossegue Kid. "A gente queria fazer um blues pop com um pezinho do rock'n'roll, mas a proposta ficou meio em cima do muro. A gente curtiu fazer, mas pra época não funcionou tão bem", lamenta. "A gente não tinha um público, sabe. A gente não era nada, era um meio do caminho, isso que foi ruim", avalia.

Diante de tudo isso, apesar da produção caprichada, *Kid Vinil & os Heróis do Brasil* acabou por se transformar em um fiasco comercial, mas ainda assim beliscando as 20 mil cópias vendidas. Com as vendas abaixo da expectativa de um lado e a escassez de shows de outro, a banda se desmantelaria pouco mais de um ano depois de sua formação.

Em termos artísticos e musicais, Kid guarda o trabalho com o Heróis do Brasil como o melhor de sua carreira, com direito a um show de lançamento realizado no vão livre do Masp levado ao ar pela TV Cultura na forma de especial. Até curso de canto ele fez. Não sabia ele, no entanto, que o sucesso do Magazine não voltaria a se reeditar nem de longe em sua trajetória musical.

Kid acredita que o destino do Heróis do Brasil poderia ter sido outro se a Warner não tivesse desistido de lançar a banda e gostaria de ver o disco relançado um dia. Mas a realidade não abre espaço para "ses".

Comprado posteriormente pela Warner, o catálogo da 3M jaz em alguma gaveta e *Kid Vinil & os Heróis do Brasil* continua sem edição em CD.

Kid Vinil também lança moda

Quem viveu a década de 1980 dificilmente se esquecerá da moda abraçada pela juventude da época. Roupas extravagantes de cores psicodélicas e cabelos artificialmente coloridos com penteados ousados deram o tom no período. Hoje, a moda dos anos 1980 é vista como de gosto pra lá de duvidoso, mas na época as roupas e os cabelos eram considerados a quintessência da moda e custaram se aposentar. E pode-se dizer que quem lançou essa moda oitentista no Brasil foi Kid Vinil, com o sucesso do Magazine.

A preocupação de Kid com o visual já estava clara no primeiro show de sua vida, ainda na adolescência, quando subiu no palco do festival da escola com o Ponte Aérea e saiu atrás de uma roupa que considerasse perfeita para a ocasião. Depois que passou a trabalhar na editora da gravadora Continental, na década de 1970, as frequentes viagens ao exterior, especialmente a Londres, puseram Kid em contato direto com a moda jovem da época. E moda e música caminhavam de braços dados na Londres setentista.

Sempre que ia a Londres, Kid fazia uma parada obrigatória na King's Road, berço da moda punk londrina. "Meu sonho era conhecer a butique Sex, da Vivienne Westwood e do Malcolm McLaren, porque foi ali onde começou o Sex Pistols", conta Kid. "O baterista do Sex Pistols e o guitarrista trabalhavam na butique; o Johnny Rotten era frequentador", contextualiza ele.

Namorado da estilista Vivienne Westwood, Malcolm McLaren acabou por tornar-se empresário do Sex Pistols. "O nome Sex Pistols veio até por causa da butique, Sex, e era a Vivienne Westwood que vestia eles. A banda foi montada dentro da loja", afirma. "Então aquelas coisas de roupas rasgadas, camisa vintage e paletó, bottom, alfinetes, jaqueta, todos aqueles acessórios, toda aquela montagem era feita pela Vivienne Westwood. Ela criou aquele visual punk, já presente nos primeiros clipes do Sex Pistols", detalha Kid.

"Eu comecei a me interessar também. Comprava as roupas nessa loja. Comprei várias coisas dela na loja e também em outras lojas da King's Road. Ali tinha muito acessório, roupas de rock-a-billy. Tinha uma loja de rock-a-billy fantástica, chamada Johnson's, com ternos de época, camisas. E eu trazia tudo isso. Então toda roupa que eu usava no Magazine no começo, desde o começo do Verminose também, eram essas roupas que eu comprava lá. Tinha todo um contexto visual. Então praticamente eu também lançava esse tipo de moda aqui. Para muitas pessoas aquilo era um susto. Ninguém tinha visto aquilo ainda aqui."

O punk nem bem tinha sido introduzido no Brasil e Kid Vinil já era um punk de butique no sentido literal do termo. Até por causa desse interesse por moda, Kid costuma tomar a iniciativa da identidade visual de suas bandas na hora de ir para o palco. É nessa hora que ele expõe seu lado mais extravagante.

"A gente acabou resgatando a coisa dos All Stars coloridos, das meias coloridas, das gravatas coloridas. Eu lembro que a primeira gravata colorida eu que trouxe pra um show do Verminose no Pauliceia Desvairada lá para 1980, 1981, era uma gravata verde fluorescente, cítrica. Depois eu trouxe uma com estampa de teclas de piano. Foi a primeira vez que apareceu uma gravata dessa. Aliás, essa gravata foi um problema porque o Tico e o Zé foram ver nosso show, nunca tinham visto aquilo e queriam roubar a gravata, que eu tinha trazido de Nova York. Foi uma briga pra eu arrancar essa gravata da mão dele. Depois virou uma febre essas gravatas coloridas, de pianinho, Batman, um monte de estampas", relata Kid.

"O Kid fazia questão de nos emprestar as roupas caras que trazia de suas viagens ao exterior", relembra o baixista Lu Stopa. "Estávamos sempre impecáveis. Eu usava os meus tênis novos que comprava na Alpargatas, mas o Trinkão usava até os tênis All Star do Kid", confidencia.

Já os cabelos pintados de vermelho surgiram graças a mais uma modesta e alucinada contribuição de Zé Rodrix. Magazine e Joelho de Porco participariam do Programa Raul Gil e estavam todos nos camarins. "Estou eu no camarim fazendo o cabelo, acho que estava com ele pintado de amarelo, quando os caras do Joelho de Porco me viram na maquiagem. O Zé Rodrix levou um spray de tinta coral vermelha, cor de esmalte vermelho. Ele veio na minha cabeça com o spray e já veio espirrando a tinta e dizendo que ia ficar legal. Fiz o programa de cabelo vermelho, mas logo depois tive que raspar. Era uma loucura tão grande que às vezes eu precisava me esconder", lembra Kid com bom humor.

Mais recentemente, Kid Vinil chamou a atenção pelos tênis extravagantes especialmente projetados pelo estilista Jeremy Scott para uma edição limitada de calçados da adidas. Kid confessa que ele mesmo se assustou quando uma promotora da empresa o procurou para usar um par de tênis alado. "Era louco demais", comenta. Diante da insistência, porém, Kid aceitou o desafio de usar o tênis de Jeremy Scott e não apenas pegou gosto, mas também percebeu a influência visual que ainda tinha passadas décadas do sucesso do Magazine.

"Não funciona pra sair na rua, mas pra usar no palco é perfeito", opina Kid. "Fiz um show no Paraná e as pessoas vinham perguntar, queriam fotografar meu pé o tempo todo. Uma mulher chegou pra mim e disse que o filho estava enlouquecido, queria um tênis igual. As crianças piram."

Kid Vinil estreia na televisão

Kid Vinil considera seu trabalho com o Heróis do Brasil o mais rico de sua trajetória artística. Ele gostaria de um dia ver o LP *Kid Vinil & os Heróis do Brasil* editado em CD. Essa ideia não foi viabilizada ainda, mas nem por isso deixou de ter resultados interessantes para Kid. O disco foi lançado em 1987 com um show realizado no vão livre do Masp. Na ocasião, a TV Cultura interessou-se em gravar o show para depois colocá-lo em sua programação na forma de um programa especial. Despretensiosamente, a performance de Kid no palco acabou resultando em um convite para que ele fizesse um teste para apresentar um programa preparado pela emissora. Começaria assim a trajetória de Kid Vinil na televisão, não mais como atração itinerante, mas como apresentador de um programa fixo na grade da emissora.

Na época, a Cultura realizava audições para selecionar os apresentadores do "Boca Livre", um programa de auditório gravado no Teatro Franco Zampari, em São Paulo, que começou como confrontos entre talentos musicais de diferentes escolas e mais tarde transformou-se em palco para bandas que marcaram a cena rock do Brasil na virada da década de 1980 para a de 1990. Pesava a favor de Kid, além da questão performática, seu grande conhecimento musical.

A direção da TV Cultura queria dois apresentadores, sendo um homem e uma mulher. Originalmente, o teste de Kid seria realizado com Mae East, da Gang 90, mas ela tinha decidido passar um tempo fora do Brasil e abriu oportunidade para a cantora Dadá Cyrino, convidada por Celso Tavares. Kid e Dadá passaram nas audições e começaram a apresentar o programa de auditório, dirigido por ninguém mais ninguém menos que Serginho Groisman.

"A única informação que eu tinha sobre o Kid é que era aquele cantor do 'Sou Boy', meio doidão. Até aí tudo bem, porque me achavam meio doidona também. Naquela época as pessoas extrovertidas eram classificadas como doidonas, hoje elas são vistas como excêntricas. É mais chique", brinca Dadá Cyrino.

"Eu me perguntava: como será que ele é? será que ele é estrela? será que ele é legal? A impressão que ele me passava, pela mídia, era a de um cara bacana, mas, é na convivência que tomamos conhecimento da mente e do caráter de uma pessoa", filosofa Dadá.

Não precisou de muito para que o convívio entre Kid Vinil e Dadá Cyrino desse início a uma amizade que se manteria e fortaleceria ao longo das décadas. "Depois de alguns encontros, com o diretor e com o Kid, para compreendermos toda a logística e corpo do programa, lá estava eu, sentada no camarim, ao lado dessa figura misteriosa. Começamos a conversar timidamente no primeiro dia, nos soltamos um pouco mais no segundo e no terceiro já estávamos 'tricotando', contando causos e mais causos", recorda Dadá com carinho.

Logo Dadá encontrou um jeito carinhoso de chamar Kid. "Nos anos em que estivemos juntos pude conhecer a pessoa Kid Vinil: tímido, educado, carinhoso, muito inteligente, com uma visão ampla do mundo, cuidadoso e respeitador. Considerando tudo isso, tomei a liberdade de chamá-lo, a partir daí, de Kidão, por ele ser essa grande pessoa", revela.

O entrosamento entre os dois no palco era perfeito. "Como colega de trabalho ele foi impecável, sentíamo-nos soltos e livres no palco, tínhamos uma sintonia única, sem preocupações mesquinhas", avalia Dadá.

"Houve vários momentos nos quais confidenciamos segredos um para o outro. Muitas vezes eu disse a ele que o artista pode tudo, pode ser de qualquer raça, qualquer religião, qualquer preferência sexual e, mesmo que trilhe num caminho dentro dos moldes aprovados pela sociedade, o artista sempre será visto como um ser diferente, estranho e errante. Então nós artistas temos que relaxar, porque o artista pode tudo!"

Alguns meses depois, quando o formato com as batalhas entre escolas esgotou-se, diretores e apresentadores chegaram a um consenso para levar ao ar um programa onde se apresentassem bandas principiantes e também já conhecidas. Isso levou ao palco do "Boca Livre" bandas como Ira!, Ratos de Porão e Inocentes. A banda punk Toy Dolls foi uma das raras atrações internacionais do programa.

Na época, porém, confrontos entre carecas e cabeludos eram bastante frequentes em São Paulo e cidades próximas. E a TV Cultura não foi poupada da violência mútua entre esses grupos. Numa ocasião, o Ratos de Porão foi tocar no "Boca Livre" e um grupo de carecas apareceu para tentar pegar o vocalista João Gordo. A confusão foi grande. Houve invasão e quebradeira, o que desagradou a direção da emissora. Quando o Toy Dolls foi tocar no "Boca Livre", por exemplo, a produção precisou ter o cuidado de não anunciar a atração pelo temor de nova confusão, já que na maioria das vezes o programa era levado ao ar ao vivo.

Em sua terceira fase, o programa "Boca Livre" transformou-se em um festival de bandas, vencido pelo Não Religião.

Paralelamente, quando o lendário programa "Matéria Prima" começou a ir ao ar, Kid Vinil fazia intervenções como comentarista de música a convite do apresentador Serginho Groisman. No quadro, Kid comentava lançamentos nacionais e internacionais e exibia na televisão os conhecimentos por meio dos quais despontou para o rádio como um dos principais conhecedores e definidores de tendências musicais de seu tempo.

A seguir, em meio a mudanças na grade de programação e na direção da TV Cultura – e também à canibalização do "Boca Livre" pelo "Matéria Prima", Kid foi convidado a substituir Gérson de Abreu na apresentação do "Som Pop", à frente do qual permaneceria até 1993, quando o monopólio de fato da MTV em relação aos lançamentos e execuções de videoclipes praticamente inviabilizou a continuidade do "Som Pop".

Instalada no Brasil em 1990, a MTV aos poucos conseguiu exclusividade junto a diversas gravadoras. Com isso, elas mandavam os clipes primeiro para a MTV e liberava os mesmos vídeos para outras emissoras somente depois de um ano, às vezes mais. A única exceção era o Fantástico, da Rede Globo, que vez ou outra conseguia exibir um videoclipe inédito junto com a MTV.

KID VINIL

Em meio a tudo isso, o contrato de Kid expirou, a TV Cultura não manteria em sua grade nenhum programa musical no qual ele se encaixasse e Kid passaria anos fora das telinhas. Quando voltou, foi parar justamente na MTV.

Kid Vinil e banda

Com o fiasco do Heróis do Brasil, Kid Vinil e André Christovam conversaram e decidiram trilhar caminhos separados. André em pouco tempo se consolidaria como grande expoente do blues nacional. Diversas músicas do Heróis do Brasil foram aproveitadas por André em seu primeiro disco solo, *Mandinga*, entre elas "Carne de Pescoço" e "Sem Whisky, Sem My Baby". Kid Vinil, por sua vez, decidiu que dali em diante passaria a usar seu nome à frente de qualquer próxima banda que viesse a formar. Assim, Kid manteve-se por algum tempo ainda com o Heróis do Brasil, com o guitarrista Nivaldo no lugar de André Christovam. Mas a escassez de shows dispersou a banda e Kid decidiu retomar a sonoridade punk/new wave.

Para isso, manteve Nivaldo na guitarra e chamou o baixista Felipe, do Maria Angélica, e o baterista Abel. Mais uma vez, porém, Kid deparava-se com o déficit de letras. Nivaldo até compunha músicas, mas não escrevia. O jeito foi aproveitar letras de amigos, como Roberto Bicelli e Miguel de Almeida, indicados por Fernando Naporano, e músicas de outras bandas, como o Coke Luxe. Além de, claro, aproveitar músicas do Magazine e do Heróis do Brasil.

Depois de consolidar um repertório e começar a fazer shows, Kid Vinil procurou a gravadora RGE, ligada à Som Livre. O diretor artístico era Rodrigues, com quem Kid havia trabalhado na Continental, e o produtor era Marco Antonio Galvão, o mesmo que, nos tempos de Nova Excelsior, ajudou Kid com o piloto que resultaria em seu primeiro programa de rádio. Não foi difícil convencê-los a bancar a ideia. No estúdio, porém, o relacionamento entre a banda e produtor mostrou-se complicado. Se nos tempos de rádio Excelsior Galvão atuou como um grande incentivador de Kid, uma década depois, como produtor da RGE, ele mostrou-se um profissional exigente ao extremo.

KID VINIL

"O Galvão foi o cara que me ajudou dentro da rádio a emplacar o Kid Vinil. Na Excelsior ele foi uma pessoa que me incentivou muito. Já como produtor, meu, ele era muito exigente", compara Kid. "Ele deixou a gente nervoso dentro do estúdio quando a gente começou a gravar. A princípio ele queria usar mais batidas eletrônicas na bateria e o negócio do Abel era bateria acústica", relata. É preciso lembrar que os anos 1980 foram um período de grande fascinação de artistas e produtores pelas baterias eletrônicas. "Foi uma briga pra gente convencer o Galvão que o Abel ia tocar do jeito que achava melhor, mas no fim ele entendeu", afirma.

O importante é que tanto a banda quanto o produtor deixaram o estúdio satisfeitos com o resultado das sessões de gravação, realizadas no estúdio da Som Livre, à qual a RGE era ligada. Apesar disso, a RGE não dispunha de tanta abertura com a Globo quanto a Som Livre, apesar de as duas fazerem parte do mesmo grupo empresarial.

Os dois principais destaques do disco eram "Sou Solteiro", de Roberto Bicelli, e a lendária "Franguinha Assada", música de Tico Terpins e Zé Rodrix que Kid quis lançar com o Magazine, mas não conseguiu por causa da censura.

Intitulado simplesmente *Kid Vinil*, o LP foi pouco trabalhado pela gravadora após seu lançamento, em 1989, e praticamente ficou encalhado nas prateleiras das lojas de discos. Segundo uma prestação de contas enviada a Kid Vinil, as vendas não chegaram a 5 mil cópias.

O Verminose volta à ativa

O fiasco comercial do LP *Kid Vinil* deu uma desanimada na banda que acompanhava Antonio Carlos e o grupo rapidamente se dispersou, com cada músico partindo atrás de seus próprios interesses. Em termos artísticos, a próspera década de 1980 caminhava para um fim melancólico para Kid Vinil. Nesse ínterim, ele se reaproximou de seus amigos dos tempos de Magazine e a banda até ensaiou uma volta. Mas o fato de Ted Gaz preferir trabalhar em estúdio naquele momento de sua vida obrigou a banda a ir atrás de um novo guitarrista.

Começaria então uma nova dança das cadeiras de guitarristas. Primeiro foi Joel, amigo de Trinkão e Lu Stopa oriundo de uma banda de baile. Depois apareceu Carlos Nishimiya, outro ex-integrante do Maria Angélica e amigo de Fernando Naporano. Por algum tempo, Joel e Nishimiya, mais conhecido como Carlão, tocaram juntos com Kid. Pouco tempo depois, Carlão ficou como único guitarrista.

O afastamento de Ted Gaz alimentou em Kid Vinil, Lu e Trinkão a vontade de reeditar os tempos de Verminose e fazer um som mais pesado. A base do repertório era formada pelas músicas do Magazine, do qual Carlão já gostava antes de começar a tocar com Kid. Mas pela primeira vez Kid tinha em sua companhia um guitarrista que gostava de fazer um som mais pesado e cru, diferentemente de músicos mais sofisticados como Ted Gaz e André Christovam. "Era a mesma proposta, mas com mais peso", avalia Kid.

A proposta de adicionar peso ao som da banda coincidia com a grande ressurreição do rock ocorrida na virada da década de 1980 para a de 1990. Ao mesmo tempo em que Guns N' Roses, Red Hot Chili Peppers, Ramones, Metallica e tantas outras bandas atingiam o ápice, o Aerosmith e o Barão Vermelho se reinventavam e o grunge saía das fronteiras de Seattle para em pouco tempo consolidar a volta do bom e velho rock'n'roll ao topo das paradas de sucesso.

Mais algum tempo se passaria antes de Carlão ceder as seis cordas a Duca Belintani, guitarrista que mescla técnica e peso – além de ser coautor deste livro –, e o Verminose protagonizar o retorno que resultaria em seu primeiro e único CD com este nome.

Se a carreira artística não ia tão bem na virada da penúltima para a última década do século passado, o mesmo não se podia dizer em relação a todas as demais atividades paralelas desempenhadas por Kid Vinil no mundo da música: ele apresentava um programa na televisão, o programa no rádio continuava sendo um sucesso de audiência, volta e meia escrevia artigos para revistas e jornais e ainda por cima estava de volta ao mundo das gravadoras, agora para cuidar da área internacional da Eldorado, a convite de Wagner Garcia.

Helena Meirelles, a segunda mãe de Kid

Kid Vinil era diretor artístico da gravadora Eldorado quando deparou-se com a violeira Helena Meirelles, na época "recém-descoberta" no Brasil. A dama da viola caipira era analfabeta e autodidata. Só teve acesso aos grandes centros de seu próprio país no início da década de 1990, depois que a revista norte-americana Guitar Player cravou o nome da violeira sul-mato-grossense entre os 100 melhores instrumentistas em atividade no mundo. Acabou contratada pela Eldorado quando já beirava os 70 anos de idade.

Helena acabara de lançar seu primeiro disco pela Eldorado (*Helena Meirelles*, de 1994) quando Kid foi trabalhar na gravadora. O convívio e o trabalho com a violeira cativaram e fascinaram Kid. "A Helena era uma figura inacreditável. A velhinha era fantástica. Eu me apaixonei por ela", recorda.

"Eu já tinha visto que ela tinha saído na Guitar Player, tinha sido elogiada lá fora. Quando eu entrei na Eldorado ela tinha acabado de lançar o primeiro disco. Ficamos superamigos, ela me adorava."

No disco seguinte (*Flor da Guavira*, de 1996), João Lara Mesquita, dono da gravadora, incumbiu Kid de cuidar da produção executiva. E o melhor: autorizou chamar quem fosse preciso parar participar da gravação. Kid recorreu então a um de seus ídolos da juventude, Tony Campelo, para produzir o disco. Tony já havia produzido diversos discos de Sérgio Reis na RCA e era amigo pessoal de Kid, o que facilitou a aproximação. O próprio Sérgio Reis aceitou sem pestanejar o convite para participar do disco de Helena.

Foi no estúdio que o bicho pegou. "Trabalhar com a Helena em estúdio era terrível porque o que valia era o primeiro take. Ela não refazia nada. O Tony dizia: 'mas tem uma nota ali que...' E ela respondia: 'não tem nota nenhuma, eu toquei do jeito que eu quero'", relembra Kid.

"O Tony tomou um baile pra montar o disco, mas montou, deu tudo certo. Foi uma experiência fantástica."

A aproximação com a violeira levou Kid a descobrir que, apesar de ter começado a ganhar algum dinheiro com sua música, Helena Meirelles ainda vivia muito precariamente em Presidente Epitácio, no oeste paulista. "Ela vivia precariamente porque sustentava os filhos todos, a família (...), segurava toda aquela onda."

Ao ficar sabendo, Kid decidiu conferir pessoalmente a situação para ver como seria possível ajudá-la. "Ela morava num barraco. Eu chorei quando vi aquilo. Então liguei imediatamente para o João Lara Mesquita. Eu disse a ele: 'João, a coisa aqui tá feia, ela mora mal e precariamente num barraco'", relata Kid, sem conter a indignação mesmo passados quase 20 anos do episódio.

"O João adorava a Helena. Falou para eu comprar uma casa pra ela. Eu então rodei a cidade toda e achei uma casa bonita. O João mandou a grana, comprei tudo que precisava e botei a velhinha numa casa decente", conta com alívio.

A relação entre Helena e Kid era como a de uma mãe com um filho. "Ela sempre foi muito grata. Eu cuidava dela como se fosse minha mãe e ela me tratava como um filho", relembra com carinho. E isso só podia acabar em algo inusitado. "Um dia ela chega de Epitácio, eu tinha comentado que gostava de peixe e ela me comprou um peixe congelado enorme, embrulhou num jornal e não quis despachar. Ela brigou com o povo todo do avião porque queria levar o peixe dentro do avião e queriam que ela despachasse. Ela dizia: 'Não confio de vocês despacharem isso pra ele'. E conseguiu levar dentro do avião. Então chega a mulher com aquele bicho embrulhado e diz: 'ó, é pra você'.

Impossível rejeitar tal agrado.

Xu-Pa-Ki

As múltiplas facetas de Kid Vinil voltaram a se manifestar com mais intensidade e simultaneidade no início dos anos 1990.

O sóbrio Antonio Carlos Senefonte atuava como diretor artístico da Gravadora Eldorado durante o dia e à noite, com seu eletrizante estilo radiofônico, conduzia seu programa de rock na Brasil 2000 FM.

O grunge estava a todo vapor e Kid, enlouquecido, mandava vir CDs do exterior aos "porrilhões" e distribuía as encomendas pelas malas dos amigos, para no fim do mês fazer a coleta das ansiosamente aguardadas novidades sonoras.

A rotina gravadora-rádio, porém, começava a parecer maçante naquele início de 1993. O bichinho artista começava a cutucar novamente o então tranquilo executivo de gravadora e apresentador de rádio. Foi quando, em um repente insuflado pela insistência dos velhos amigos de Magazine, Kid resolveu reunir a turma para fazer um som e tocar Neil Young, considerado por ele o pai dos *grunges* e, claro, os eternos Ramones.

A proposta implícita era voltar com o Magazine mais pesado. Mas a atitude da banda falou mais alto e resolveu-se resgatar o Verminose, já que os novos sons daquele momento tinham mais a ver com os primórdios da banda.

Decidida a volta do Verminose, Kid Vinil reuniu os fiéis escudeiros Trinkão Watts e Lu Stopa, além do guitarrista Carlão, para alguns ensaios. Eles acharam que ainda estava faltando peso ao som e perceberam a necessidade de mais um guitarrista.

Neste momento o nome de Duca Belintani apareceu na pauta. Como já conhecia todos eles e já havia substituído alguns guitarristas anteriores, o convite foi feito. Duca aceitou prontamente.

Definidas a nova formação e a retomada oficial do Verminose, não demorou muito para surgir a ideia de ter músicas novas e tentar um novo álbum. E a dificuldade foi a mesma que sempre perseguiu Kid Vinil. Quem escreveria as letras?

Mais uma vez Kid e seus companheiros saíram à caça, reuniram algumas canções de amigos como Roger Rocha Moreira e Ayrton Mugnaini Jr. e resgataram Raul Seixas, Made in Brazil e a banda portuguesa Mata-Ratos. Havia também algumas letras feitas por Trinkão e Lu Stopa. Mas faltava um hit.

Kid recebeu então uma fita de uma banda chamada Destemidos Limonadas com a pérola "Ela Só Gosta de Pizza". Enquanto o repertório era definido, Carlão saiu e Duca Belintani assumiu a única guitarra da banda, dando conta de todo o peso desejado por Kid.

Coube a Duca também a direção musical do CD que a banda decidira gravar. Depois de três LPs, o trabalho marcaria a estreia de Kid Vinil no mundo da música digital. O nome escolhido para o CD foi *Xu-Pa-Ki*, em alusão a uma música do Mata-Ratos, apresentada a Kid pelo pessoal do Garotos Podres.

O projeto foi gravado e lançado de maneira independente. "Já havíamos feito alguns shows nessa volta, mas ainda com o nome de Magazine. Com isso levantamos uma grana para gravar o disco, pois não tínhamos gravadora", recorda Duca.

"A grana dava para gravar, mas não dava para ir aos grandes estúdios. Nessa mesma época eu estava produzindo uma banda de rock e conheci um técnico de som que também trabalhava em outro estúdio. Comentei o que queria fazer e ele me indicou um novo estúdio na Serra da Cantareira que estava com um equipamento de alto nível, mas como não era muito conhecido ainda tinha um preço bom. Fui até lá conhecer o estúdio e acabei conhecendo o dono, o então desconhecido Rick Bonadio. Fechamos o trabalho e lá fomos nós gravar", prossegue o guitarrista/produtor/coautor.

"Já no início percebi que teria que lidar com algumas dificuldades em gravar que a banda apresentava, pois na verdade, apesar de todo o sucesso, tinha relativamente pouca experiência de estúdio", analisa ele.

E o peso das guitarras que o Kid tanto queria? "Tive duas amostras de que estavam boas", relembra Duca. "A primeira foi durante o processo de gravação, pois como gravávamos à noite e o silêncio era muito grande, o Rick Bonadio, que quando não estava na sala de gravação ficava no seu escritório, chegou a comentar que as guitarras estavam altas demais. No dia seguinte, quando cheguei, havia uma placa na porta da sala de gravação dizendo 'porta à prova de Duca'. A segunda, e talvez a mais significativa, foi quando Jack Endino (produtor do primeiro disco do Nirvana) esteve no Brasil para produzir o disco *Titanomaquia*, dos Titãs, e foi até a Brasil 2000 para uma entrevista e alguém da rádio mostrou o que viria a ser o novo CD do Kid. A pergunta dele foi: 'quantos guitarristas são?'"

Resolvida a parte da gravação, a banda precisava pensar agora na produção visual do CD. E como se tratava de uma produção independente, eles mesmos teriam que botar a mão na massa. Depois de muita discussão e muitas ideias de capa, a banda optou por uma solução chocante aos olhos mais puritanos. O nome do disco já era explícito por si e precisava de uma composição visual à altura. Kid lembrou-se então de um livro de fotos produzido pelo inglês Watt Tyler satirizando *Sex*, de Madonna, e cuja reprodução das imagens era liberada pelo autor. Tratava-se basicamente de um ensaio sadomasoquista gay.

"Achei divertido quando vi aquilo", relembra Kid. "Cheguei a pensar em fazer um tiragem do próprio livro, mas não caberia no CD", lamenta. "Para a capa escolhi a foto do cara vestido meio que de Madonna, um gordo todo feião e com o dedo na boca. Dava a impressão de Xu-Pa-Ki", explica.

O problema foi se fazer entender. "Pra mim aquilo era divertido, engraçado, mas para os outros ficou meio estranho. Ninguém entendeu. Pensavam que era eu na capa", relata Kid. "Eu teria que ter explicado toda a história, que era uma sátira, o que poderia ter feito se tivesse colocado o livro inteiro, feito em gráfica e tal. Como eu não tinha condições de fazer isso então usei uma foto só, mas não dava nem pra explicar porque foi tudo artesanal mesmo, impresso em casa", relembra.

Os integrantes do Verminose estavam cientes de que a capa poderia causar estranheza. E exatamente por isso pensaram em uma capa alternativa. "O Lu teve a ideia de fazer uma capa mais light, que era a filha dele chupando um pirulito. Aí saíram as duas versões", explica Kid.

Enquanto a banda discutia a capa, Kid colocou as *masters* da gravação nas mãos de seu amigo Alberto, dono da loja Record Runner, e pediu a ele que mandasse prensar o CD nos Estados Unidos. Como a grana era curta, Alberto voltou com cerca de 500 cópias. O disco esgotou-se rapidamente, mas não houve uma nova tiragem.

No show da Praça da Sé, em 1981, Kid conversa com um fã antes de subir ao palco.

(Foto: Arquivo pessoal Kid Vinil)

O Verminose abrindo para o Raul Seixas na Hebraica (São Paulo/SP), em 1981. Raulzito chegou em coma alcoólico e não fez o show – o público revoltado destruiu o ginásio da Hebraica. Da esquerda pra direita: Jean Trad, Lu Stopa e Kid Vinil.

(Foto: Arquivo pessoal Kid Vinil)

O Verminose em 1980. Da esquerda pra direita:
Lu Stopa (baixo), Minho K (guitarra), Kid Vinil
(vocal) e Trinkão Watts (bateria).

(Foto: Walmir Teixeira)

A banda Verminose no clube Pauliceia Desvairada,
em 1980. Da esquerda pra direita: Ted Gaz, Lu
Stopa, Trinkão Watts e Kid Vinil.

(Foto: Arquivo pessoal Kid Vinil)

Em uma cabine telefônica em
Portobello Road. Londres, 1980.

(Foto: Arquivo pessoal Kid Vinil)

Depois de uma compra de discos
em Londres, em 1984.

(Foto: May East)

Em frente à redação da revista
Zig Zag. Londres, 1980.

(Foto: Arquivo pessoal Kid Vinil)

O Magazine no Programa Barros de Alencar. Da esquerda pra direita: Lu Stopa, Kid e Ted Gaz.

(Foto: Arquivo pessoal Kid Vinil)

O guitarrista Ted Gaz e Kid Vinil, no palco montado em frente a Catedral da Sé (São Paulo/SP) em 1981.

(Foto: Arquivo pessoal Kid Vinil)

Gravação do disco do Heróis do Brasil, em 1987. Da esquerda pra direita: Rita Lee, Roberto de Carvalho, Kid e Kuky Stolarski.

(Foto: Nelson Fumagalli)

Heróis do Brasil. Da esquerda pra direita: Nilton Leonarde, Paulo Zinner, Kid Vinil e André Christovam.

(Foto: Rui Mendes)

Kid Vinil dando uma canja no show do Coke Luxe, cantando "Conta da Light" com Eddy Teddy, no lendário Café Piu Piu (São Paulo/SP), em 1987.

(Foto: Arquivo pessoal Kid Vinil)

Da esquerda pra direita: Decio Medeiros, Fernando Naporano, May East e Kid Vinil no camarim do Teatro Aquarius. São Paulo (SP), 1983.

(Foto: Arquivo pessoal Kid Vinil)

Foto: Carlos Fenerich

4

YOU'RE

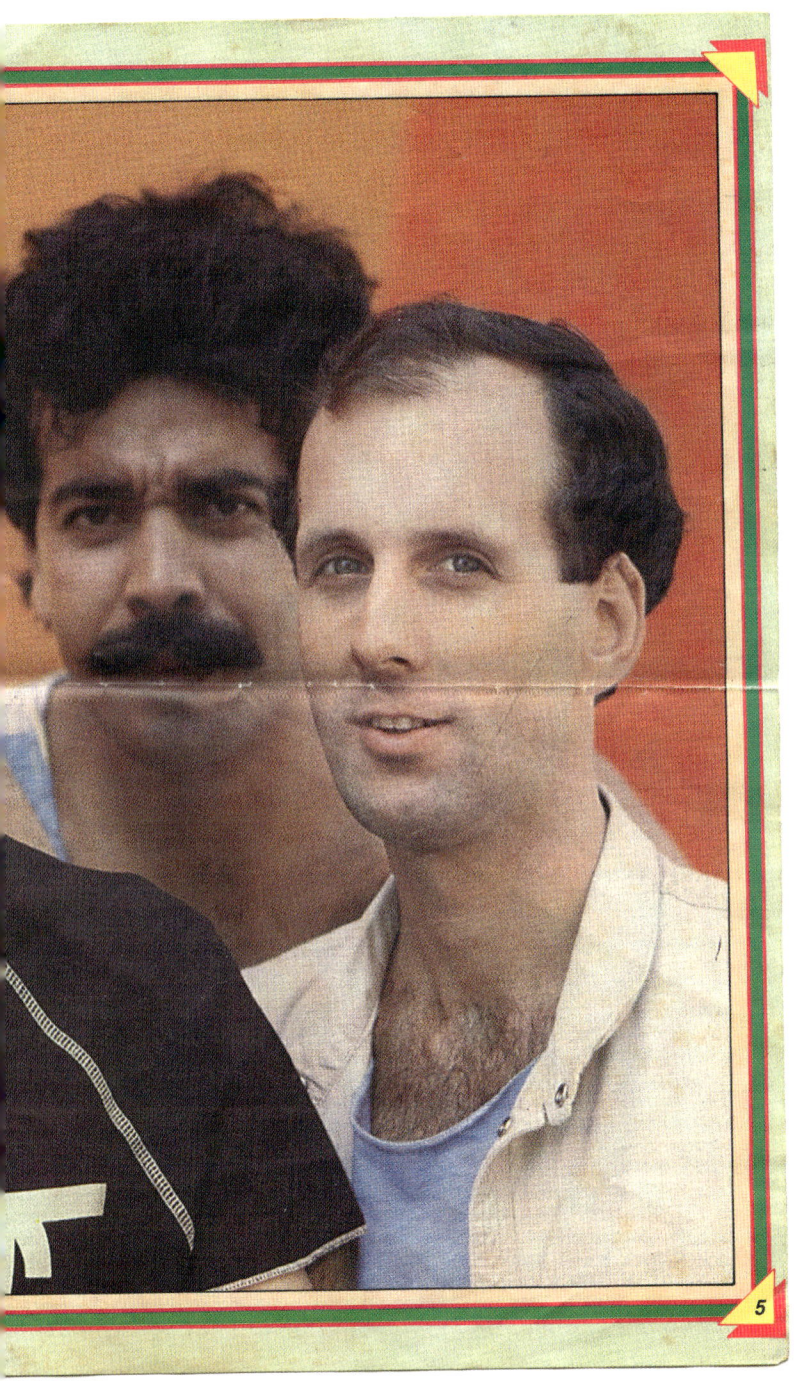

Reprodução da matéria publicada na revista Contigo!.
(Arquivo pessoal Kid Vinil)

Com seus cabelos cor de gema, Kid é um dos mais instigantes vocalistas do momento.

os vocais um inglês recém-chegado ao Brasil chamado Ritchie (ele mesmo, o próprio).

— Em 74 me enchi do rock e fui tocar violoncelo em orquestras jovens amadoras e no Folifonia, um conjunto de música renascentista — recorda Ted.

A nova opção musical, de qualquer maneira, foi meteórica e, no final da década, Ted parecia desgostoso da carreira. Sua classuda guitarra já não chorava suavemente. Até que apareceu Kid Vinil, um garotão com uma autoconfiança a toda prova no seu caminho.

Nos primeiros meses, a banda já fazia as suas primeiras apresentações com o nome de Verminose — "o único grupo que não submetia as suas canções à Censura Federal, mas a um laboratório de análises clínicas". Na realidade, Kid vinha deglutindo como um maluco todo o punk inglês e havia montado, inclusive, o primeiro grupo do gênero em Sampa, o famigerado AI-5, do Jardim Colorado. Por isso o batismo de Verminose, nomenclatura provocativa, escrachada.

O Magazine continuou se chamando assim até a gravação do primeiro compacto e do LP de estréia, em novembro de 83. O motivo da mudança, segundo Kid, foi a constatação de que "como Verminose jamais atingiríamos a grande massa consumidora. Aí viramos Magazine, nome de uma extinta banda inglesa new wave". Sintomático é o fato de que a troca de nome ocorreu imediatamente depois de uma tempestuosa apresentação do

Reprodução da matéria publicada na revista Contigo!.

(Arquivo pessoal Kid Vinil)

Panfleto de divulgação do Magazine.
(Arquivo pessoal Kid Vinil)

Herman: drogas, não

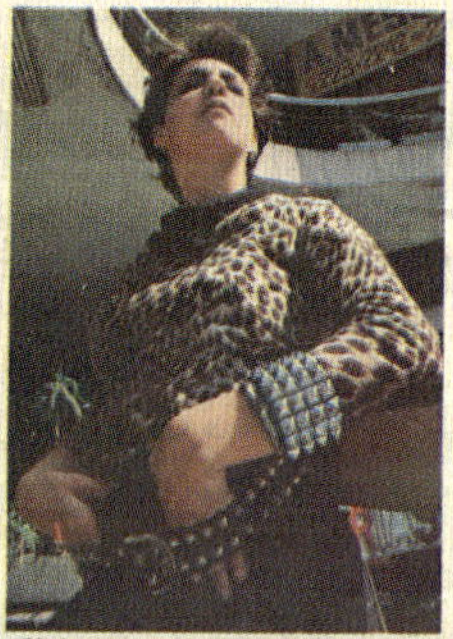

Meire: "punk" feminista

com os conjuntos Cólera, Inocentes e Olho Seco). É uma música barulhenta, cantada sempre aos berros, uma derivação muito mais pesada que a *new wave* e mais ainda que o *rock'n'roll*. Para o jornalista e teatrólogo Antônio Bivar, que conviveu com os *punks* londrinos durante todo o ano passado, os brasileiros estão atualizadíssimos. Não apenas em relação às idéias mas também na música. "É uma segunda geração *punk*", diz Bivar.

A geração brasileira já conta com mais de dez conjuntos. E o melhor deles é o grupo Inocentes – formado por Meire Martins Rocha, Antônio Carlos Calegari, Ariel Uliana Jr. e Clemente Tadeu Nascimento. Cada um dos membros do conjunto tem uma história, de certa forma exemplar, de como um jovem pode acabar *punk* na vida. Meire Martins Rocha, por exemplo, tem 19 anos, três irmãos, mora no pobre bairro do Tucuruvi e abandonou a escola no 3º ano colegial. Ganha 35 mil cruzeiros por mês como escriturária e ajuda o pai, mecânico, e a mãe, auxiliar de enfermagem, nas despesas da casa e no aluguel. "A vida não vai melhorar se não tomarmos uma atitude", diz ela.

Antônio Carlos Calegari, 19 anos, é o namorado de Meire – e está desempregado já nove meses. Parou de estudar porque não arranja em____go, e pode ser encontra__ quase todos os dias na Punk-Rock. Calegari mora com o pai – um consertador de bomba de gasolina – e a mãe, em Vila Carolina, Zona Norte. "Punk

Kid Vinil: o divulgador do som "punk"

Os "shows": gritos, berros, pulos

pra mim é opção de vida", diz ele. "Vou fazer o quê? Queremos que a sociedade note nossa presença, e a única maneira que encontrei é agredindo."

Por sua vez, Ariel Uliana Jr., 22 anos, casado – quem diria? – no cartório, terminou o colegial e foi militante do Partido dos Trabalhadores até o ano passado. Fez greve, foi demitido de uma metalúrgica, nunca mais teve carteira assinada – e hoje vende estátuas de gesso. No PT, sentia que estava "dando passos de formiga". Agora ele desabafa: "Eu estudei, trabalhei e até agora não aconteceu nada, continua tudo igual".

Por fim, Clemente Tadeu Nascimento, vulgo Fritzhausen, apelido que ele imagina pertencer a "um alemão nazista que nasceu pra me matar", é negro, tem 19 anos e conseguiu entrar na faculdade de administração de empresas porque a firma onde trabalhava pagou seus estudos até o final do primeiro semestre. Ocorreu então que foi demitido – e terminaram seus estudos. "Eu sou o único *office-boy* da faculdade", diz.

Meire, Calegari, Ariel e Clemente, reunidos nos Inocentes, hoje exibem seus talentos em salões dos subúrbios onde a dança é selvagem e para se entrar é preciso passar por uma rigorosa revista. Como outros autores do *punk* brasileiro, eles foram informados do movimento por Antônio Carlos Senefonte, mais conhecido como Kid Vinil, "o herói do Brasil", como diz uma letra de música. Formado em administração de empresas, 27 anos, Kid Vinil trabalha há sete anos na gravadora Continental e, desde 1979, comanda um programa na Rádio Excelsior, onde divulga as últimas novidades da música internacional. Nessa qualidade, passou a ser uma espécie de "patrono" do *punk* brasileiro – um movimento musical que, a seu ver, poderá mudar o desesperante estado de coisas descrito na música *Garoto de Subúrbio*: "Será que esquecer seria a solução/Pra dissolver o ódio/Que eles têm no coração?/Vontade de gritar/ Garoto do subúrbio/Você não pode desistir de viver". Essa música dos Inocentes não toca em outras rádios. Mas seus cantores estão soltos nas ruas. Cuidado com eles. **Regina Echeverria**▲

ISTOÉ 4/8/1982   53

A polêmica matéria na revista ISTOÉ, publicada em 4 de agosto de 1982. Kid foi chamado de "patrono do punk brasileiro" pela jornalista Regina Echeverria, uma denominação que rendeu alguma dor de cabeça na época.

Com Isabel Monteiro, do Drugstore, num hotel em Londres, em 1995.
(Foto: Arquivo pessoal Kid Vinil)

Foto de divulgação da volta do Verminose, na época do lançamento do CD Xu-Pa-Ki. Da esquerda pra direita: Lu Stopa, Duca Belintani, Kid Vinil e Trinkão Watts.
(Foto: Arquivo pessoal Duca Belintani)

Com as japonesas do Shonen Knife, no backstage do show no Town & Country, em Londres, no ano de 1993.

(Foto: Arquivo pessoal Kid Vinil)

Kid entrevistando Ian Gillan (Deep Purple) para a TV Cultura, em 1990.

(Foto: Arquivo pessoal Kid Vinil)

Com o baixista Glen Hughes (ex-Deep Purple e Trapeze) nos estúdios da 97 FM, em 1996.

(Foto: Arquivo pessoal Kid Vinil)

Joey Ramone participando do programa de Kid Vinil na 89 FM, em 1994.

(Foto: Arquivo pessoal Kid Vinil)

Entrevistando CJ Ramone nos estúdios da 89 FM, em 1994.

(Foto: Arquivo pessoal Kid Vinil)

Kid discotecando.
(Foto: Izzy Massei)

Kid Vinil e uma parte da famosa coleção de discos.
(Foto: Fernando Martins Ferreira)

Quem Não Tem Colírio Usa Óculos Escuros

"Ei, toca Raul!"

Esse pedido certamente já foi ouvido por qualquer músico, conhecido ou desconhecido, que algum dia tenha pisado em um palco para fazer um show de rock, principalmente depois da morte precoce do roqueiro baiano, em 21 de agosto de 1989. E isso justifica-se parcialmente pelo mito, mas em parte maior ainda pela importância de Raul Seixas não só para a música brasileira, mas para a sobrevivência do rock nacional em entressafras como as ocorridas respectivamente nos fins das décadas de 1970 e 1980.

E Kid Vinil, por mais famoso que fosse, também não escapava dos gritos de "toca Raul", principalmente no início dos anos 1990, quando sua carreira musical estava em baixa. Mas se era para Kid tocar Raul, não podia ser qualquer Raul, por assim dizer.

Da série "boa informação vale ouro", Kid descobriu meio por acaso que "Como Vovó Já Dizia", lançada originalmente em 1973, tinha uma outra letra, censurada pela ditadura. A versão original da letra representou um dos primeiros problemas de Raul com a censura dos direitosos militares paranoicos que sequestraram o Brasil durante 21 anos – pouco tempo depois, antes de exilar-se, Raul seria preso e torturado junto com Paulo Coelho porque os geniais censores consideravam subversivos o teor e os conceitos da "Sociedade Alternativa" proposta pela dupla.

Os tempos, felizmente, eram outros. A ditadura cívico-militar caiu em 1985, mas a censura às artes, apesar de afrouxada, caiu oficialmente apenas com a promulgação da Constituição de 1988. Kid estava diante de um tesouro cuja existência era lembrada por alguns, mas que andava esquecido nos porões da memória da ditadura.

Lendo as duas letras, é possível perceber que os censores não perceberam apenas a alusão lisérgica de "quem não tem colírio usa óculos escuros". Fora isso, praticamente todo o resto da letra era diferente da versão até então conhecida de "Como Vovó Já Dizia". O refrão original não podia ser mais direto: "Quem não tem colírio usa óculos escuros / Quem não tem papel dá o recado pelo muro / Quem não tem presente se conforma com o futuro".

Sem precisar passar recado pelo muro nem lamentar a ausência de presente, Kid tornou-se o primeiro a desenterrar e regravar a letra original de "Como Vovó Já Dizia", nona das dez faixas de *Xu-Pa-Ki*.

Com Mamonas Assassinas, uma oportunidade desperdiçada

O CD *Xu-Pa-Ki* foi gravado no estúdio de Rick Bonadio quando o talento como produtor musical e o tino comercial dele ainda eram desconhecidos da indústria fonográfica. Enquanto o Verminose gravava *Xu-Pa-Ki*, Bonadio trabalhava em outros projetos em seu estúdio. Certa noite, Bonadio chamou Kid Vinil para mostrar uma banda com a qual trabalhava numa sala de gravação ao lado. Segundo o produtor, os meninos eram fãs de Kid e do Magazine: tratava-se de ninguém menos que os Mamonas Assassinas.

Kid ouviu e gostou. "Achei legal, engraçado, divertido. Mas a gente não imaginava que aquilo ia tomar aquela proporção", recorda Kid. Era uma clara evolução dos trabalhos do Magazine e do Joelho de Porco. "Só que um pouco apimentado porque já não tinha mais censura", observa Kid Vinil.

O fato é que o Mamonas Assassinas estourou e em pouco tempo atingiu proporções de popularidade nunca antes observados no cenário musical brasileiro. A banda mesclava as características dos sonhos de qualquer executivo de gravadora. Letras bem-humoradas, músicos competentes e versáteis e artistas carismáticos, Dinho, Bento, Júlio, Samuel e Sérgio apelavam ao mesmo tempo para adultos e crianças. O resultado dificilmente seria outro que não o sucesso de vendas e os shows lotados.

Quase duas décadas depois do trágico acidente aéreo que ceifou a vida do quinteto, o Mamonas Assassinas ainda detinha marcas significativas como a de disco de estreia mais vendido da história da música no Brasil e o recorde mundial de disco que mais vendeu em menos tempo. E isso porque o disco foi lançado em junho de 1995 e a banda terminou tragicamente em março do ano seguinte. Olhando em retrospectiva, é praticamente impossível imaginar uma trajetória como esta sem que, uma década antes, Kid Vinil e o Magazine tivessem trilhado aquele caminho e sem que ela caísse nas mãos de um produtor afiado e antenado como Rick Bonadio.

O fato é que a coincidência de o Verminose ter ido gravar *Xu-Pa-Ki* no mesmo estúdio no qual Bonadio cirurgicamente transformava o desconhecido Utopia no fenômeno Mamonas Assassinas foi mal aproveitado por Kid Vinil. O Verminose chegou a abrir shows do Mamonas Assassinas. Em um deles, no extinto Aeroanta, o vocalista Dinho chamou Kid Vinil ao palco e foi enfático: "A gente só está aqui por causa dele".

Os Mamonas deram uma força e Bonadio também tentou ajudar. Na avaliação do produtor, além de os meninos gostarem muito de Kid, o trabalho do Mamonas era uma espécie de "filho" da trajetória musical do então vocalista do Verminose. Bonadio chegou a oferecer o tape do Verminose a diversas gravadoras, apesar da pequena tiragem independente já em circulação, mas nenhuma se interessou. É claro que ele também tinha interesse em emplacar o Verminose, pois poderia ganhar uma grana se desse certo. Mas passados quase dez anos do fim do Magazine, por mais diferentes que fossem a proposta e a sonoridade do Verminose, os executivos de gravadoras ainda associavam a imagem de Kid a um produto oitentista descartável que muita gente tentava esconder no armário ou varrer pra debaixo do tapete.

A situação talvez pudesse ter-se desenvolvido de outra forma se egos tivessem sido deixados um pouco de lado. A dinâmica que envolveu o show do Aeroanta, por exemplo, ajuda a elucidar em parte esse aspecto.

Foi com relutância que Kid Vinil, apesar de estar longe dos holofotes havia alguns anos, topou atuar como linha auxiliar de um Mamonas ainda aspirante ao estrelato. Bonadio precisou recorrer à intermediação de Duca para viabilizar a tentativa de parceria. O Verminose teve cerca de um mês para preparar-se para uma apresentação de pouco mais de meia hora no Aeroanta. Bonadio, que além de produtor era empresário do Mamonas, ofereceu ao Verminose a mesma estrutura oferecida à banda principal. Os ingressos se esgotaram e muita gente ficou para fora do Aeroanta naquela noite, praticamente interditando o Largo da

Batata. Mas Lu e Trinkão, por causa dos trabalhos paralelos que os sustentavam na época, atrasaram-se para pegar a van que levaria a banda ao local do show enquanto Duca e Kid esperavam. Resultado: o Verminose perdeu a passagem de som. Para piorar, somente depois de ter chegado ao Aeroanta Trinkão percebeu que tinha esquecido em casa suas baquetas. Foi preciso esperar o pessoal do Mamonas chegar e pedir baquetas emprestadas, o que aconteceu de bom grado.

Tudo isso causou uma tensão desnecessária. Apesar de todo o nervosismo e da sensação de que a oportunidade escorria pelos dedos, o Verminose fez um bom show naquela noite, mas aquém do porte do evento.

Ao término da apresentação, já nos camarins, Bonadio disse que tinha gostado do show, mas seria preciso "ajustar algumas coisas". O Mamonas estourou e Bonadio ainda tentou dar uma força, mas viu as gravadoras fecharem as portas para o Verminose.

Kid obviamente ficou chateado com as portas fechadas pelas gravadoras quando Bonadio, em um telefonema perto do Natal de 1995, relatou o ocorrido. "Aquela imagem teve o seu momento, mas tinha sido desgastada. Ninguém quis arriscar. Por isso que eu falei: 'chega de gravadora!'", recorda ele.

Kid Vinil, quando é que tu vai gravar CD?

Zeca Baleiro lançou seu primeiro trabalho de estúdio em 1997 e em pouco tempo consagrou-se como um dos principais nomes da música popular brasileira na virada do milênio. Chegou sem pedir licença. O que mais interessa a essa biografia, porém, é a décima faixa de *Por Onde Andará Stephen Fry?*, seu álbum de estreia. A música em questão, um partido alto chamado "Kid Vinil", vem com uma pergunta mais interessante ainda: "Kid Vinil, quando é que tu vai gravar CD?"

A provocadora pergunta introduz uma ode apologética de Zeca Baleiro à tecnologia e parece aproveitar a imagem de Kid Vinil como uma caricatura do atraso. Talvez o cantor, compositor e intérprete maranhense ainda não soubesse que dois anos antes Kid lançara seu primeiro CD com o Verminose, *Xu-Pa-Ki*. Mas a pergunta era bastante válida, já que o CD foi lançado de forma independente e teve pouquíssima repercussão.

Além disso, no começo Kid Vinil realmente foi refratário ao advento do CD e à aposentadoria quase forçada do LP até o resgate das bolachas, já no século XXI. "Todo mundo brincava comigo, mas eu não concebia. Fui contra o CD desde o começo se você quer saber. O Zeca Baleiro tinha razão quando fez a letra", admite Kid.

"Quando apareceu o CD eu trabalhava na Brasil 2000 e tinha um programa com um cara de uma locadora de CD que era o Estúdio 2000. Eu odiava CD, falava 'essa merda não vai dar certo' e sei lá mais o quê", relata Kid.

Em 2002, quando lançou *Na Honestidade*, Kid aproveitou a brincadeira de Zeca Baleiro para devolver a homenagem e lançar o desafio: "Zeca Baleiro eu já gravei CD, agora é a sua vez de gravar um LP".

Brincadeiras à parte, Kid Vinil tinha bastante razão ao se opor aos CDs, e mais especificamente à digitalização da música, em seus primeiros anos de existência comercial. Até hoje a indústria fonográfica busca meios de igualar a música digital à fidelidade de seus originais capturados analogicamente.

Nos primórdios do CD, entretanto, a diferença era gritante. Muitos CDs eram copiados diretamente dos discos, as famosas gravações AAD. "Ficava um horror. Não tinha peso, não tinha nada", compara Kid. A qualidade sonora, porém, não era o único motivo por trás da opinião de Kid. "O LP você pensava em termos de capa, de uma série de outros detalhes. O CD já é uma coisa menor, muito mais simples, sem toda aquela coisa da capa de um disco de vinil", prossegue.

Com o passar dos anos a música digital foi sendo aprimorada – ao mesmo tempo em que o LP foi por muitos anos deixado de lado. E com isso, a resistência de Kid Vinil ao CD simplesmente se desfez. "Depois eu aderi, claro", confirma Kid.

Ele relata como exemplo dessa adesão o caso de sua paixão pelos Beatles, que o levou a preferir a caixa com os CDs remasterizados da banda em detrimento da caixa com os discos de vinil. "Eu quis ter as versões remasterizadas de CD. Não quis ter a caixa deles em vinil, que eu já tinha as edições antigas, então a caixa em vinil não vai ter tanta diferença [sonora]. No CD você sente a diferença", afirma Kid.

Ele elogia também o resultado das mais recentes remasterizações de discos dos Rolling Stones e de Bob Dylan. "A última remasterização que eles fizeram ficou impressionante. Comparei o CD do *Beggars Banquet* com o vinil. No CD o som explode. Chegaram a uma técnica ali que não se compara ao som do vinil. O Bob Dylan também fez isso. Tem CDs do Dylan que você ouve e percebe detalhes ali que jamais escutaria num disco de vinil."

A propósito, em 2012, Zeca Baleiro respondeu ao desafio de Kid e lançou *O Disco do Ano* em LP pela Som Livre.

Kid lança obra completa de Frank Zappa no Brasil

Frank Zappa dispensa apresentações. Seu nome está inscrito no panteão dos deuses do rock'n'roll desde muito antes de sua morte prematura, em 1993. No Brasil, porém, era uma epopeia conseguir um disco de Frank Zappa com o Mothers of Invention, banda que o acompanhou durante a maior parte da carreira. O advento do CD, entre o fim dos anos 1980 e o início dos 1990, tornou a saga ainda mais heroica. Os LPs de Zappa eram verdadeiras raridades.

A situação mudaria apenas na virada do milênio, e isso só foi possível graças à perspicácia de Kid Vinil. Quase ninguém acreditava na viabilidade comercial de se lançar em CD no Brasil a vasta obra de Frank Zappa.

Em 1999, no entanto, a norte-americana Rykodisc ofereceu a Kid, então responsável pela área internacional da Gravadora Eldorado, o catálogo com todo o trabalho de Zappa. Eram 65 CDs.

O catálogo foi oferecido a diversas gravadoras brasileiras, mas todas tinham os dois pés atrás, por suporem que seria baixa a chance de ganhar dinheiro com o lançamento em CD da obra do guitarrista e compositor norte-americano.

Diante da oportunidade, Kid procurou João Lara Mesquita, o dono da Eldorado, na tentativa de convencê-lo a comprar o catálogo remasterizado de Zappa e lançá-lo no Brasil. A receptividade, contudo, não foi das melhores.

Assim como seus concorrentes, João Lara tinha dúvidas sobre o negócio. Além disso, pelo fato de a gravadora fazer parte do Grupo Estado e não ser exatamente uma prioridade para os objetivos da empresa, muitos negócios da Eldorado dependiam de dinheiro da qual ela não dispunha. "Na gravadora a gente precisava ficar implorando recursos. Eu tinha que convencer o João Lara. Passei dias e dias na cabeça dele insistindo pra lançar o Zappa", recorda Kid.

Kid apelou então ao lado erudito do dono da gravadora. "Por sorte o Zappa era um compositor erudito. O João era bem erudito, então eu ganhei ele por esse lado, pelo lado erudito do Zappa. Ele sentiu que o Zappa era forte e aí consegui negociar legal com ele", conta Kid.

"Comercialmente não foi ruim. Vendemos todos os estoques. Hoje é até raro achar por aí", assegura Kid. "Para o público de rock que nós temos aqui foi importantíssimo", afirma.

Anos depois, Kid escreveria um capítulo sobre o tema no livro *Zappa: Detritos Cósmicos*, organizado por Fabio Massari para a editora Conrad e lançado em 2007.

Para o que se esperava, esgotar os estoques da coleção de Zappa foi uma façanha e tanto. Com o passar do tempo, porém, Kid começou a se cansar dos demorados processos internos do Grupo Estado para liberar verba para a Gravadora Eldorado.

A gota d'água, segundo ele, foi a demora para conseguir a aprovação da Eldorado para lançar o disco que acabaria por colocar Tom Zé novamente sob os holofotes. A convite, Kid foi para a Trama, levou Tom Zé consigo e fez um barulho e tanto.

Finalmente na MTV

A MTV estreou no Brasil em outubro de 1990. Mas foi somente mais de dez anos depois que Kid Vinil conseguiu uma oportunidade de trabalhar em um dos canais de televisão de maior influência sobre o público jovem da virada do milênio.

Quando a MTV foi lançada, Kid Vinil estava na TV Cultura e não foi chamado para trabalhar entre os VJs da emissora, como eram chamados os apresentadores do canal. Dedicada a moldar corações e mentes da juventude da época, a MTV começou em grande parte com caras novas. Havia, portanto, certa predileção da diretoria da MTV por apresentadores jovens e esteticamente conectados com seu público-alvo. E Kid já era considerado um medalhão em 1990.

Não tardaria, entretanto, para que a atuação agressiva da MTV, principalmente no que dizia respeito à exclusividade para a exibição de videoclipes, acabasse por dizimar qualquer iniciativa de programação de clipes em canais concorrentes. Isso levou à paulatina extinção de programas hoje lendários como o "Clip Trip", da TV Gazeta, e o "Som Pop", este apresentado por Kid na Cultura.

Com o passar dos anos, porém, passou a causar estranheza entre quem acompanhava essas movimentações o fato de um dos maiores conhecedores de música jovem daquele momento não fazer parte do quadro de VJs da MTV – apesar de a emissora encontrar-se bem servida por nomes como os de Luiz Thunderbird, Gastão Moreira, Marina Person e Fabio Massari.

Por volta de 2003, finalmente, Zé Antonio Algodoal rompeu a resistência da diretoria da MTV à figura de Kid Vinil e o convidou para apresentar o "Lado B", cumprindo uma promessa pessoal feita alguns anos antes.

"Kid, eu vou te colocar na MTV um dia", assegurou Zé Antonio ao amigo em 1994, logo que conseguiu um emprego como redator da emissora onde trabalhou por 19 anos.

Em pouco tempo Zé Antonio galgou alguns degraus e assumiu a direção do "Lado B". Nesse ínterim, em meio a uma das tantas crises de identidade da MTV, ele acabou convencendo a diretoria da emissora a contratar Kid.

A primeira tentativa de Algodoal, no entanto, falhou. Fabio Massari havia deixado o comando do "Lado B" e, apesar das argumentações do diretor do programa em favor de Kid Vinil, a direção da emissora torceu o nariz e optou por Soninha Francine. "O 'Lado B' não era o universo dela. E quando ela saiu do programa eu bati o pé", afirma Algodoal.

Kid estava finalmente na MTV e Algodoal cumprira sua promessa.

Dedicado à música alternativa, o "Lado B" tinha tudo a ver com Kid Vinil. Entre a saída do "Som Pop" e o convite para o "Lado B", Kid tinha passado praticamente uma década fora das telinhas. Mas em seu regresso à televisão, apesar da boa aceitação do público, Kid não teria vida fácil nos bastidores da MTV e sua passagem pelo canal duraria menos de dois anos.

Na época em que apresentava o "Lado B", Kid Vinil também era diretor da área internacional da gravadora Trama. Sua atuação na Trama levou a gravadora a desenvolver um catálogo de rock alternativo de alto nível. À frente da Trama, Kid tinha acesso aos catálogos de gravadoras como a Matador (dela lançou Pavement, Belle & Sebastian e Pizzicato Five) e a Rykodisc (o Morphine foi o exemplo mais marcante do selo lançado por Kid pela Trama). E, é claro, Kid também levava ao ar no "Lado B" as músicas dessas e outras bandas lançadas no Brasil pela Trama.

"A diretoria pegava no pé porque eu tocava muita coisa da Trama", afirma Kid. "Tocava coisa de outras gravadoras também, é claro. Mas a Trama estava com um puta catálogo de música independente. Todas aquelas bandas da Matador estavam no catálogo da Trama", exemplifica. "Então, indiretamente, eu não tinha como não tocar. Não era jabá. Nunca, em nenhum momento, o João Marcello (Bôscoli, dono da Trama) me pediu, por exemplo, pra tocar as coisas da Trama. E, mesmo que pedisse, eu só iria tocar coisas novas que achasse legais. Tinha muita coisa da Trama que eu não passava. Mas muita gente me cobrava por passar artistas da gravadora no programa."

Apesar disso, a gravadora teve pouca ou nenhuma influência sobre sua saída da MTV. Demissões são invariavelmente desagradáveis, mas a maneira como se deu a saída de Kid da MTV não poderia ter sido pior. "O Algodoal me avisou: 'a primeira bobeada que a gente der, tiram a gente'", relembra Kid. E nem foi preciso bobear. Kid ficou sabendo da demissão pela imprensa.

Os relatos do episódio sugerem que houve um enorme descuido por parte da direção da MTV ao tratar do caso, ainda que se tratasse de uma decisão estratégica.

"O Kid estava muito bem [à frente do 'Lado B'] na época", relembra Algodoal. "Mas numa daquelas crises de identidade pelas quais a MTV passava de tempos em tempos, o André Mantovani, que era o diretor-geral, entendeu que faltava um repórter na MTV com autoridade musical e resolveu chamar o Massari de volta, pra ser repórter especial", relembra. "As negociações se estenderam por uns dias e o Massari voltou pra fazer jornalismo. Até que numa segunda-feira o Kid me ligou."

– Zé, pelo amor de Deus, que história é essa que eu fui demitido? –, perguntou Kid ao telefone.

– De onde você tirou isso, Kid? Que história é essa? –, questionou por sua vez Algodoal.

– Tá na Ilustrada [caderno de cultura do jornal Folha de S. Paulo] de hoje –, respondeu Kid.

– Não tô sabendo de nada. Me dá uns minutos que eu já vejo isso –, disse o diretor do "Lado B".

"Minha primeira impressão foi: 'ah, o Massari tá voltando e quem escreveu a matéria confundiu as coisas'", relata Algodoal. Ele foi então falar com Cris Lobo, diretora de programação e produção na época. Ao questioná-la sobre o assunto, ouviu: "Ah, é verdade. Esqueci de te falar. Você liga pro Kid e avisa?"

Algodoal recusou-se, devolvendo a batata quente para os escalões superiores.

"A MTV podia muito bem ter buscado outra solução, colocado o Kid em alguma outra função lá dentro", opina Algodoal. "Não precisava ter acontecido assim, mas algumas coisas aconteciam de um jeito bastante bizarro na MTV."

Desagradável ou não, a decisão estava tomada. Kid estava realmente fora da MTV.

Por toda a extensão do dial, até a internet

Do 89,1 da 89FM aos 107,3 da Brasil 2000, Kid Vinil levou seu programa de rádio por quase toda a extensão do dial paulistano antes de ancorar na rede mundial de computadores. Desde que começou a trabalhar com música, na década de 1970, Kid passou tempos sem trabalhar em gravadoras, viveu outros tempos longe dos palcos e também ficou anos distante da telinha. Desde sua estreia no rádio, porém, Kid saltou de uma emissora para outra e foi parar até na internet, mas nunca passou mais de alguns dias ou semanas longe de seu programa. De fato, depois de sua imensa coleção de discos e CDs, o rádio é a grande paixão da vida de Kid Vinil.

Kid começou em 1979 no 90,5 da Excelsior FM, também chamada de Nova Excelsior, à frente do programa que levava seu nome. No AM da emissora, Kid participava também do "Rock Show", com André Barbosa Filho e Leopoldo Rey. Pouco depois, por sugestão do diretor artístico Maurício Kubrusly, passou a apresentar "Rock Sandwich", um programa de duas horas de duração dividido com Leopoldo Rey. Kid e Leopoldo apresentavam blocos alternados da atração. Enquanto Kid dedicava seu espaço ao punk e à new wave, Rey concentrava-se em hard rock e heavy metal em um momento no qual despontavam na cena internacional nomes como o Iron Maiden e o Judas Priest.

Ouvinte assíduo do "Rock Sandwich", Fabio Massari conta que acompanhava o programa de caneta e caderninho na mão para anotar os nomes das bandas. "O Kid foi o primeiro cara que eu acompanhei no rádio de caderninho na mão. Foi a primeira vez que eu pensei naquela famosa frase: putz, é isso que eu quero fazer", revela.

"Foi também o primeiro cara pra quem eu liguei numa emissora de rádio pra conversar", prossegue Massari. "Eu tinha 15 pra 16 anos, bem quando começou a aflorar meu entusiasmo pelo universo radiofônico e pela música."

O primeiro telefonema de Massari para Kid na Excelsior foi motivado por um disco pirata do Blondie. "Eu tinha acabado de comprar um pirata do Blondie na Galeria do Rock, na loja Punk Rock. Era uma coisa que estava sempre na pauta dele. Então liguei pra rádio no intervalo do programa e ele atendeu. Era uma coisa que acontecia mais facilmente naquela época", observa.

Após o telefonema, inclusive, Kid Vinil sem querer acabou por dar a Massari um apelido pelo qual amigos mais próximos por muitos anos o chamaram – e não foi Reverendo. "Quando o Kid voltou pro ar, disse: quem ligou aqui pra mim agora foi o 'Massacre'. E isso virou uma piada interna entre meus amigos, muito, muito duradoura. Até o Clemente, do Inocentes, me chama de Massacre às vezes e acho que é por causa dessa história", relata Massari.

Kubrusly deixou a direção da Excelsior pouco tempo depois, passando o bastão para Boninho, que deu continuidade ao trabalho de seu antecessor. Com isso, o programa apresentado em dupla por Kid Vinil e Leopoldo Rey permaneceu no ar até 1983.

No ano seguinte, Kid migrou para a Rádio Antena 1, em 94,7, onde apresentava novidades sonoras como The Cure e Smiths no programa New Beat. Kid levou para a produção do programa o jornalista e amigo Fernando Naporano. Naporano considera o New Beat "antológico". Foi na Antena 1 que Kid tocou pela primeira vez, por exemplo, "Inútil" e "Pobre Paulista", das bandas então aspirantes ao sucesso Ultraje a Rigor e Ira!, respectivamente. Ainda na Antena 1, Kid abriu espaço para Naporano emplacar o programa "Blue Moon". Naporano, por sua vez, abriu caminho para Kid escrever nos cadernos de cultura da Folha e do Estado enquanto seguia sua trajetória pelo dial paulistano.

Começou a circular então nos corredores das rádios a notícia de que seria fundada uma emissora exclusivamente dedicada ao rock. Tratava-se da 89FM. A convite de Luiz Fernando Maglioca, Kid trocou a Antena 1 pela rádio rock no fim de 1985.

KID VINIL

No início da década de 1990, no entanto, uma mudança na direção da 89FM abriu caminho para Kid, a convite de Roberto Maia, ir parar na Brasil 2000, em 107,3, no outro extremo do dial. Ele chegou a receber uma proposta da 97FM, rádio de Santo André que na época ainda se dedicava ao rock. Mas, como morava em São Paulo, optou pela conveniência de não ter que sair da capital. "O Zé Antonio (da 97FM) ficou puto comigo. Tava quase certo de eu ir pra 97. Lembro que na época ele tinha o disco do Heróis do Brasil e até mandou quebrar o disco pra não tocar mais, porque ele tocava 'Carne de Pescoço' na 97", conta Kid.

Não demoraria, porém, para a 97 mudar-se para São Paulo e a raiva de Zé Antonio passar. Um novo e irrecusável convite foi então feito a Kid e lá migrou ele para as bandas da 97,7. Acontece que, em agosto de 1994, uma inesperada mudança nos rumos da rádio fez com que, sem aviso prévio a seu público, a rádio deixasse de tocar rock e seguisse por rumos mais comerciais, por assim dizer.

Do meio do dial então Kid voltou para uma das extremidades, indo parar na SP1, que mais tarde viraria Mix, em 106,3. Dali para a Brasil 2000 bastava um leve giro no dial. E Kid estava de volta ao 107,3 perto da virada do milênio.

Foi na Brasil 2000, uma rádio universitária sem a mesma pretensão comercial que a concorrência, que Kid Vinil mais tempo permaneceu, passando de apresentador e locutor até chegar a diretor antes de sair em 2004 por causa de um desentendimento interno. Em 2011, porém, os detentores da concessão a cederam ao Grupo Estado e a Brasil 2000 passou a operar exclusivamente na internet. Com os ânimos mais calmos e uma nova proposta, Kid voltou para a Brasil 2000. As mudanças tiraram Kid do dial, mas não o afastaram de seu programa, que passou a ser transmitido apenas na internet, no site da Brasil 2000, apresentado em parceria com Osmar Santos Junior.

Ao longo das mais de três décadas de trabalho como radialista, a receptividade dos ouvintes deu-se na maior parte do tempo de maneira convencional, primeiro por meio de cartas, quando o programa era gravado, depois telefonemas, quando a transmissão era ao vivo, e, mais tarde, e-mails.

Alguns deles, no entanto, encontraram maneiras inusitadas de mostrar o quanto o programa de Kid Vinil mexia com eles. Ainda na Nova Excelsior, Kid desenvolveu forte conexão com o público punk.

"Os punks eram criativos no conteúdo", recorda o apresentador. "As melhores e mais engraçadas [cartas] eram escritas em papel higiênico, claro que não usado", antecipa-se Kid. "Na época eu tinha um ouvinte chamado Renato que morava em Guarulhos e trabalhava num hospital de lá. O Renato trabalhava fazendo eletrocardiograma e suas cartas sempre vinham com algum eletro anexo. O cara era muito fã dos Ramones e toda vez que eu tocava no programa ele mandava um eletro com um coração disparado. Ele dizia que toda vez que eu tocava Ramones o coração dele disparava e aquela era a prova", conta.

Também houve casos emocionantes, como o de Lara: "Quando eu estava na 97FM, na década de 1990, apresentava um programa chamado Patrulha Noturna, que ia ao ar diariamente das 22h às 2h da manhã. Eu recebia muitos telefonemas e cartas de ouvintes, mas uma ouvinte em especial me ligava quase toda noite e conversávamos bastante sobre música. Ela adorava minha programação e me acompanhava sempre pelo rádio. O nome dela é Lara. Certo dia sugeri que ela fosse me visitar na rádio pra nos conhecermos. Ela aceitou e disse que passaria por lá qualquer noite. Passou algum tempo e numa daquelas noites, pra minha surpresa, alguém bate na porta do estúdio e entram duas pessoas, uma garota acompanhada de outra garota lindíssima e cega. Daí a garota cega se apresenta: 'oi, eu sou a Lara!' Naquele instante eu desmontei, nem sabia o que pensar, mas fiquei muito feliz ao saber que por seus problemas visuais eu era sua companhia de todas noites pelo rádio".

Kid e Lara tornaram-se amigos e também parceiros de palco. Lara foi estudar música na USP e teve aulas de bateria com Vera Figueiredo. "Em 2002, quando nosso baterista, o McCoy, tinha outros compromissos, chamamos a Lara pra tocar conosco em alguns shows. Ela assimilou facilmente nossa músicas e o fez com muita categoria", elogia Kid.

Kid Vinil resgata Tom Zé no farol

Artistas de rua fazem parte da paisagem de qualquer grande metrópole do mundo. Alguns se apresentam em praças, outros nos cruzamentos de ruas e avenidas. Mas é improvável que mais alguém além de Kid Vinil tenha vivido o privilégio de, na prática, ter resgatado um artista da grandeza de Tom Zé em um semáforo de São Paulo.

A história, porém, tem início muitos anos antes em Nova York. Em algum momento do fim dos anos 1980, o multiartista David Byrne ouviu por acaso o trabalho de Tom Zé. A ousadia de Tom encantou Byrne, que algum tempo depois passou a usar sua gravadora para lançar nos Estados Unidos a obra do brasileiro, posto de lado por um *mainstream* tupiniquim avesso a qualquer vanguarda que não seja a do atraso.

Passam-se os anos e certo dia, a serviço da Eldorado, Kid vai a Nova York para acertar negócios referentes a uma parceria da gravadora para a qual trabalhava com a norte-americana Rykodisc. Ele então entra em uma loja no Village e uma pessoa da loja o aborda para perguntar se ele era brasileiro. Diante da resposta positiva, a pessoa mostra a Kid um promo que acabara de receber de *Defeito de Fabricação*, disco de Tom lançado por Byrne nos EUA em 1998. Kid resolve comprar um dos promos recebidos pelo lojista e volta para São Paulo. Eis que, parado no cruzamento da avenida Henrique Schaumann com a rua Cardeal Arcoverde, Kid olha para o carro ao lado do seu e vê Tom Zé em pessoa dando sopa por ali. Kid abaixa o vidro e puxa a conversa.

– Oi, Tom, tudo bem? O que você tem feito? Eu estive em Nova York esses dias. Peguei um CD teu. Fiquei sabendo da história lá.

– Pois é, Kid, eu tava meio que jogado na sarjeta. O David Byrne me acolheu, mas aqui ninguém quer lançar esse disco.

– Então, eu estou na Eldorado e tenho o maior interesse em lançar.

Depois dessa primeira conversa, porém, Kid recebeu um convite para deixar a Eldorado e ir cuidar da área internacional da Trama. E, em meio a desentendimentos com João Lara Mesquita, inclusive pela demora em aprovar o orçamento para lançar *Defeito de Fabricação* no Brasil, aceitou. Com isso, Kid levou consigo o trabalho de Tom Zé, ficando com um pé no nacional.

Na Trama, João Marcello Bôscoli aprovou praticamente sem pestanejar o orçamento para lançar Tom Zé. E não se arrependeu. *Defeito de Fabricação* vendeu mais de 100 mil cópias, um recorde na carreira de Tom Zé.

"Isso foi uma porrada na cara da Warner. O David Byrne era artista da Warner e ofereceu pra Warner do Brasil, mas a Warner não quis e o disco vendeu 100 mil cópias", observa Kid. E isso em um momento no qual as gravadoras começavam a sentir no bolso o impacto da internet sobre o mercado fonográfico.

Na sequência, também pela Trama, Kid cuidou da produção executiva de *Jogos de Armar*. "Lancei esse disco no mundo inteiro. O disco foi superbem, lá fora então, melhor ainda", recorda.

Mais interessante que as vendas, porém, foi acompanhar o processo de criação e as experiências sonoras de Tom Zé.

"Ele quis trazer de volta uma ideia que teve nos anos 1970, instrumentos a base de eletrodomésticos. Nos anos 1970 ele fez um show em que ele usava essa técnica, era uma coisa de industrial trabalhando eletrodoméstico", explica Kid.

Tom Zé também ressuscitou em *Jogos de Armar* o lendário buzinório, construído na década de 1970 por Roberto Maia. "O Maia que era o diretor da Brasil 2000 na época. Os dois eram amigos na década de 1970, quando o Maia inventou um instrumento chamado buzinório. Eram várias buzinas conectadas e um monte de interruptores, uma orquestra de buzinas. Aí ele resgatou o Maia lá na Brasil e pediu pra ele reconstruir o buzinório", conta.

Com isso, Tom Zé resgatou em *Jogos de Armar* o lado industrial da música. "Tinha um coral que era uma instalação com motores, liquidificadores, enceradeira, eletrodomésticos", prossegue Kid. E é improvável que ele se esqueça tão cedo desse inusitado coral. "Um dia fomos eu e o Tom Zé na São João, naqueles brechós de coisas velhas, pra comprar enceradeira, motor de enceradeira velha, eu tinha acabado de comprar um Astra lindo, zerinho, e o Tom Zé queria colocar dez enceradeiras, 200 quilos, no porta-malas do meu carro novo. Ele amassou o porta-malas do meu Astra zero-bala", reclama Kid, mas sem perder a esportiva.

Mais difícil foi mixar toda essa massa sonora. Seja como for, independentemente do resultado, qualquer outra coisa parece normal depois de se entrar em um estúdio com Tom Zé.

"Foi muito louco fazer isso, uma piração. Nós fomos um dia a uma marcenaria porque ele precisava de efeito de motor. Fomos gravar numa marcenaria efeitos de máquinas cortando madeira. Fomos lá só pra gravar essas coisas. Esse lado do Tom é genial", elogia Kid. "Ele sempre foi vanguardista, não seguiu aquela corrente dos tropicalistas, tipo Caetano etc. Ele sempre quis inovar e na Trama a gente tinha orçamento pra viabilizar isso."

E da mesma forma que Tom Zé foi inesquecível para Kid, Kid também foi inesquecível para Tom Zé. "Até hoje, sempre que me vê, o Tom fala que eu o salvei no farol", diverte-se Kid ao lembrar da história.

Na Honestidade

O Verminose seguiu na ativa até 1998. Depois do lançamento do CD e de uma série de shows, Duca Belintani devolveu o posto de guitarrista a Carlos Nishimiya. Pouco tempo depois, dando sequência à dança das cadeiras nas seis cordas de Kid Vinil, Carlão foi substituído por Ronaldo, dos Inocentes. Pra não perder o costume, às vezes os guitarristas se intercalavam, em outras tocavam juntos. Mas não demorou muito e o fôlego do Verminose acabou. Kid continuava envolvido com seu programa de rádio e, no mesmo período, trocou a gravadora Eldorado, após desentendimento com João Lara Mesquita, pela Trama, de João Marcello Bôscoli. Um dos estopins dessa mudança de gravadora foi o resgate de Tom Zé, um processo no qual a Eldorado ficou em cima do muro e a Trama mostrou-se muito mais assertiva.

À frente da área internacional da Trama, Kid era um dos profissionais mais visitados da gravadora. "A sala do Kid era a segunda sala mais visitada do andar onde eu trabalhava", relembra o produtor musical Fábio Luiz (Parteum), que em novembro do ano 2000 foi contratado para trabalhar na divisão da Trama dedicada ao hip-hop. "A primeira era a do [Carlos Eduardo] Miranda", produtor responsável pelo lançamento de bandas como Skank, O Rappa e Mundo Livre SA.

Apesar da correria que era tocar um programa de rádio, cuidar da área internacional de uma gravadora e ainda atuar na produção executiva de Tom Zé, não demorou muito, é claro, para Kid tentar retomar a carreira artística. A ideia na virada do milênio era relançar o Magazine. Ciente do histórico musical de Kid Vinil, João Marcello Bôscoli desde o princípio o incentivou a usar a estrutura da Trama para gravar o que quisesse. "Só que ele deixou bem claro: 'nós temos horas vagas no estúdio, podemos fazer o disco, mas não espere divulgação'. Então eu já tinha certeza de que não ia ser divulgado", relata Kid.

Já estava claro que não seria fácil. Logo depois da parada do Verminose, o baixista Lu Stopa foi tocar com Marcelo Nova, dificultando ainda mais a retomada da banda. A situação levou Kid a convidar Ayrton Mugnaini Jr. para cuidar dos graves na nova formação do Magazine. Carlão voltou para a guitarra e Trinkão Watts, como sempre, nas baquetas.

A entrada de Ayrton Mugnaini não serviu meramente para cobrir o buraco deixado por Lu. Compositor de mão cheia, Ayrton escreveu a maior parte das músicas do disco, entre elas a divertida resposta de Kid Vinil, agora em seu segundo CD, à provocação de Zeca Baleiro, desafiando-o a gravar um LP. Também há regravações, como sempre aconteceu ao longo da carreira de Kid, mas o caminho de letras bem-humoradas e descontraídas sempre perseguido pelo cantor estava mantido.

Como ficou claro desde o princípio que a gravadora Trama facilitaria a gravação e o lançamento do CD, mas não o divulgaria, o Magazine entrou em estúdio com a intenção realista de apenas registrar o trabalho, intitulado *Na Honestidade*. Ainda assim, cerca de 2 mil cópias do CD foram vendidas. Para um trabalho despretensioso, sem nenhuma divulgação e com quantidade pequena de shows realizados pela banda, o número é bastante razoável.

Pouco tempo depois, Kid Vinil sairia da Trama por não conseguir mais conciliar seu tempo na empresa com outras atividades em função da volta do Magazine e da divulgação do disco *Na Honestidade*, recém-lançado pela própria gravadora.

Foi-se o tempo

O retorno do Magazine, em 2002, foi efêmero e despretensioso. A banda fez alguns shows em meio ao resgate oitentista ocorrido nos primeiros anos do novo milênio, especialmente em São Paulo, onde casas noturnas enxergaram na extravagância dos anos 1980 um nicho para atrair trintões e quarentões saudosos das músicas e do visual de sua juventude.

Assim como o Magazine, diversas outras bandas da época eram contratadas para embalar essas baladas. E Kid Vinil, com muito mais frequência que o Magazine, era chamado para discotecar. O resgate oitentista, porém, ficou para trás, e mais uma vez o Magazine parou.

Sem pressa para voltar aos palcos, Kid Vinil passou a pensar em um projeto que fosse suficiente pelo menos para garantir o prazer do contato com o público e fizesse jus a sua história de dedicação ao rock alternativo. Surgiu assim a ideia do Kid Vinil Xperience.

A escolha do repertório foi feita a dedo: apenas "lado B do lado B" – se fosse possível encontrar uma definição, seria essa. "Só tem lado B mesmo. Só lado B de coisas desconhecidas", enfatiza Kid. "Foi meio proposital, uma ideia minha e do Carlão de fazer um disco que não tenha nada a ver com nada (feito antes). A gente procurou músicas que ninguém conhecia. Parece até que as músicas são autorais porque só quem explora muito mesmo vai conhecer. Mas no encarte a gente explica de onde vieram as músicas", prossegue.

Selecionadas as músicas, Kid entrou em estúdio com Carlão na guitarra, Fábio Marconi na bateria e Carlos Rodrigues e Maurício Guedes revezando-se no baixo.

A produção, independente, recebeu o nome de *Time Was* e conta apenas com regravações. Uma tiragem de mil CDs foi impressa em 2010 para venda nos shows da banda, que ao vivo também toca as músicas mais marcantes da carreira de Kid à frente do Magazine, do Verminose e do Heróis do Brasil. Nos shows, além de Carlão, Kid é acompanhado pelo baterista Fabio McCoy e pelo baixista Marcello Morettoni.

Para soltar *Time Was*, Kid aproveitou também para lançar seu próprio selo, o Kid Vinil Discos.

Em 2013, também à frente do Kid Vinil Xperience, Kid lançaria pela Galeão Discos seu primeiro e único DVD até hoje: *Vinil Ao Vivo*, produzido a partir de um show com os grandes sucessos da carreira de Kid. A única regravação inédita contida no DVD é a célebre e eterna "Surfista Calhorda", de Os Replicantes.

O eterno aprendiz

É possível afirmar sem risco de parecer óbvio que Kid Vinil foi, ao longo de toda a sua vida, um eterno aprendiz. Aprendeu a ser religioso, amante do rock, homem de negócios, locutor e radialista, DJ, cantor, jornalista, apresentador de TV e formador de opinião. Uma coisa que Antonio Carlos Senefonte quase sempre conseguiu fazer foi não fugir da raia, encarando as opções que a vida colocou na sua frente.

Na avaliação de Duca Belintani, quando a TV Record pensou em realizar o reality show "Aprendiz Celebridades" e teve que escolher os candidatos, "o nome de Kid deve ter sido lembrado logo no início pelo seu histórico de trajetórias artísticas e empresariais".

Foi curta a passagem de Kid pelo programa, levado ao ar em 2014 e vencido pela ex-jogadora de vôlei Ana Moser. Kid durou apenas três "rounds". Quem assistiu ao programa pôde ver um "artista" ser fritado na jaula do empresariado. Não que Kid não tenha tentado, mas sua personalidade calma e a timidez fizeram com que ele tivesse uma passagem um tanto apagada pelo programa, inclusive aceitando sua "demissão" com tranquilidade. Até tentou ser participativo nas tarefas que foram apresentadas, mas não teve pulso forte para impor suas ideias. Foi chamado de "omisso, menos participante e menos atuante" por Roberto Justus, o apresentador-chefe do programa. "Senti você anêmico e apático", disse o conselheiro Cacá Rosset ao avaliar a participação do músico. Na visão do próprio Kid Vinil, "faltou, no sentido empresarial, agressividade".

"O empresário Kid Vinil naufragou, mas o artista continua", declarou o cantor ao se despedir do programa.

Na visão dos amigos

Amável, caseiro e reservado na vida pessoal, mas um monstro no palco, uma sumidade como comunicador e conhecedor da música e precursor da cultura jovem no Brasil nos anos 1980 e 1990. Assim os amigos e as pessoas mais próximas enxergam Antonio Carlos Senefonte, o cidadão, e Kid Vinil, o artista.

"O Kid é uma das pessoas mais amáveis e gentis que eu conheci", elogia Trinkão, que por décadas acompanhou Kid nas baquetas do Verminose, do Magazine e também em sua carreira solo. "Ele é muito gentil com todo aquele jeitão punk. O que eu admiro no Kid, isso eu já falei pra ele, é a cultura dele. (...) Está sempre bem informado. Ir à casa dele é um passeio cultural, devido à sua vasta coleção de discos. O Kid para mim é o maior *frontman* do rock brasileiro. Só acho que ele nunca deu o devido valor a si mesmo", avalia Trinkão.

"O Kidão tem a sensibilidade à flor da pele, própria dos piscianos. Eu acho que foi por isso que nos demos bem, porque também sou de Peixes e os piscianos se comunicam sem precisar falar", afirma Dadá Cyrino em um flerte com a astrologia.

Zé Antonio Algodoal, que dirigiu Kid durante sua passagem pela MTV, compara o amigo e ídolo a John Peel, o influente radialista inglês conhecido por ser um dos primeiros a levar o punk e o reggae às ondas do rádio no Reino Unido. "Kid é o John Peel brasileiro", afirma Algodoal. "Ele é o cara que formou gerações e gerações, mesmo que não seja reconhecido como merece", avalia. Algodoal considera "tocante" a generosidade de Kid . "Algumas pessoas gostam de deter conhecimento. O Kid tem uma relação de puro amor com a música", assegura.

"O Kid atravessa décadas levando informação de bandas novas e novos trabalhos de bandas veteranas. A isso deve ser prestado mais atenção", concorda o baixista e também amigo Lu Stopa.

Fábio Luiz (Parteum) recorda que Kid sempre se mostrava disposto a compartilhar seu conhecimento. "Ele me explicava coisas de outros tempos, do punk, do pós-punk. Percebia que eu, apesar de estar ligado ao rap, escutava outras coisas", conta Parteum sobre o período em que trabalhou perto de Kid na Trama. Em contrapartida, Parteum acrescentou ao já vasto repertório de Kid Vinil informações sobre as ligações entre o skate e o pós-punk californiano.

"O Kid é um dos pilares da década de 1980", afirma Clemente Nascimento. "É dele um dos primeiros programas de rádio, em São Paulo o primeiro, que mostrava as novidades quentíssimas que haviam acabado de ser lançadas. Ele foi um grande incentivador da cena punk. Lembro dele divulgando o show do Condutores de Cadáver na rádio, depois levando a gente para divulgar a coletânea *Grito Suburbano*, aí eu já estava com o Inocentes. Ele foi o responsável por eu comprar meu primeiro rádio FM", brinca.

"Um cara sensível à sua época", resume Sônia Abreu. "O boy da Zona Leste que virou star. Inteligente, dedicado, mostrou que tem garra. Independentemente de grana, saiu atrás e realizou", elogia a amiga.

"Kid é sobretudo uma pessoa generosa, antiestrela, simples, um pouco desastrado, tímido e evita olhar olho-no-olho. Tem uma energia brutal, completamente natural. É um amante de animais e um fanático absoluto por música. Realmente ele tem conhecimento de causa. Não cresceu com a internet ao lado e nunca fez a linha de baixar música", avalia o jornalista e amigo Fernando Naporano. "Ele compra e devora CDs e LPs diariamente."

Legado

Artista, executivo, radialista, jornalista, DJ, VJ, precursor de tendências... No auge da fama ou longe dos holofotes, Antonio Carlos Senefonte, o Kid Vinil, foi tudo isso e muito mais para a música brasileira – e mais especificamente para o rock nacional – ao longo de seus (primeiros!?!) 60 anos de vida, ou pelo menos desde que começou a trabalhar com música.

Para quem conhece Kid pessoalmente e ama a música, é como se um se fundisse à outra. "Parece que eu conheço o Kid desde que eu nasci", brinca o cantor e radialista Tatola. "O Kid representa uma geração, aliás muitas gerações. Ele fez o rock mais sujo e o rock mais limpo. Qualquer livro que se escreva nesse Brasil falando de rock e não colocar o Kid começa a escrever de novo porque esse cara tem história", resume.

"O mais impressionante é a generosidade do Kid. Tem pessoas que gostam de guardar tudo para si. Já o Kid compartilha o conhecimento", afirma Zé Antonio Algodoal, que dedicou a Kid Vinil seu livro *Discoteca Básica*, lançado em 2014, "pela dívida eterna" que considera ter com ele.

"O Kid é um grande conhecedor de música, de tudo", afirma o produtor musical Fábio Luiz (Parteum). "Você pode conversar com o Kid sobre tudo, sobre Stevie Wonder, Lou Rawls, o soul da Motown, sobre os primeiros discos do The Police. Você pode falar com ele sobre tudo e sempre acaba descobrindo uma novidade legal."

Parteum atribui ainda a Kid a responsabilidade por ajudar a derrubar seu preconceito pessoal contra as gravadoras, alimentado especialmente pelo tratamento pasteurizador dispensado pela maior parte das gravadoras brasileiras ao rap e ao hip-hop. "Ele me ajudou a entender certas coisas. Eu posso passar duas semanas tratando de números, olhando planilhas, mas meu amor pela música não vai diminuir por conta disso e eu não vou ficar estigmatizado por ser um executivo de gravadora."

Kid marcou época como cantor e, ainda que o sucesso como artista tenha sido efêmero, sua atuação nas rádios, tevês e gravadoras por onde passou deixou rastros perenes. À frente do Verminose e do Magazine, antecipou o punk e a new wave; escrevendo, estreou com uma coluna de música no lendário jornal independente Canja, a convite de José Trajano, e mais tarde, levado por Fernando Naporano, publicaria artigos em periódicos de grande circulação como O Estado de S. Paulo e Folha de S. Paulo, entre outros; Kid também assina a autoria do *Almanaque do Rock*, publicado pela Ediouro em 2008; em seu programa de rádio lançou bandas como Ultraje a Rigor e Ira!, além de trazer ao conhecimento do público brasileiro, em primeira mão, os trabalhos de ícones internacionais como Pixies, The Smiths e R.E.M., além do Britpop – e isso só para citar apenas alguns casos e não iniciar aqui uma lista interminável de tendências ou grandes nomes antecipados por Kid.

Parece pouco? À frente das gravadoras onde trabalhou, produziu Helena Meirelles, resgatou Tom Zé e ainda lançou no Brasil a discografia completa de Frank Zappa. Haveria razão para arrependimentos ou frustrações? Não, assegura ele.

"Kid Vinil é um ícone pop em todos os sentidos", sentencia o jornalista e radialista Roberto Maia, outro que afirma ter a impressão de conhecer Kid desde sempre. "A figura dele, o nome dele, a importância como jornalista, como radialista... Ele é um dos pilares do rock brasileiro, uma referência. Sem o Kid a música brasileira não teria nada de substancial no rock, nada gravado na nossa memória. As coisas que ele escreveu, as coisas que ele lançou, os programas de rádio dele, por mais que às vezes as pessoas não deem o devido crédito, mas ele influenciou a maioria das bandas de rock, assim como as pessoas que gostam de rock."

Na opinião de Fabio Massari, mesmo com toda a facilidade que existe hoje por causa da internet, figuras como Kid Vinil são imprescindíveis. "Justamente por conta dessa pulverização toda, essas figuras são muito importantes para mostrar os caminhos possíveis. O farol continua totalmente operante. Talvez tenha mudado um pouco o jeito de ele funcionar, mas a gente precisa dessas referências. O conteúdo é o mais importante", enfatiza Massari.

Ao mesmo tempo, a imensa coleção pessoal de dezenas de milhares de LPs, CDs, livros e DVDs é suficiente para contar a história do rock'n'roll e de muitos outros estilos a partir de diversos enfoques. O acervo de Kid já foi emprestado, por exemplo, para a exposição "Let's Rock", na Oca, contando a história do estilo. Talvez um dia esse acervo ainda possa tornar-se peça central de alguma exposição permanente, seja em um espaço físico ou na internet, admite o próprio dono da coleção, apesar de não ter nada concreto em mente. O fato é que não se pode falar de rock no Brasil sem falar em Kid Vinil.

EDIÇÕES
ideal

Este livro foi composto em Caecilia LT Std, com textos auxiliares em Bodoni Std e MagdaClean.
Impresso pela RR. Donnelley, em papel Lux Cream 70g/m² e Couché Fosco 115g/m². São Paulo, Brasil, 2015.